D1878802

विवेकानन्द

विवेकानन्द

रोमां रोलां

अनुवाद
स.ही. वात्स्यायन 'अज्ञेय'
रघुवीर सहाय

साहित्य अकादेमी की ओर से

लोकभारती प्रकाशन

साहित्य अकादेमी की ओर से
लोकभारती प्रकाशन
पहली मंजिल, दरबारी बिल्डिंग, महात्मा गांधी मार्ग
प्रयागराज-211 001

वेबसाइट : www.lokbhartiprakashan.com
ईमेल : info@lokbhartiprakashan.com

शाखाएँ : 1-बी, नेताजी सुभाष मार्ग, दरियागंज
नई दिल्ली-110 002
अशोक राजपथ, साइंस कॉलेज के सामने
पटना-800 006
1, अनमोल सोराबजी संतुक लेन, धोबी तलाव,
मरीन लाइंस, मुम्बई-400 002

पहला संशोधित संस्करण : 2008
पाँचवाँ संस्करण : 2024

मूल्य : ₹495

© साहित्य अकादेमी

अनुवाद : स.ही. वात्स्यायन 'अज्ञेय', रघुवीर सहाय

मुद्रक : बी. के. ऑफसेट
नवीन शाहदरा, दिल्ली-110 032

VIVEKANAND
by Romain Rolland
Translated by S.H. Vatsyayan 'Ajneya' &
Raghuvir Sahai

ISBN : 978-81-8031-228-1

विवेकानन्द

भारतीय पाठकों के लिए

जिस उत्साह से मैंने अपना काम किया है उसके बावजूद पश्चिम के एक व्यक्ति के लिए एशिया के हजार वर्ष के चिन्तनानुभव से सम्पन्न लोगों की व्याख्या असम्भव ही है और उसमें भूल होना अनिवार्य है। इन भूलों के प्रति मैं अपने भारतीय पाठकों से अनुकम्पा की प्रार्थना करता हूँ। मैं केवल अपनी उस निष्ठा की ही दुहाई दे सकता हूँ जिसने मुझे जीवन के सभी रूपों में श्रद्धापूर्वक प्रवेश करने की प्रेरणा दी है।

फिर भी यह मुझे स्वीकार करना चाहिए कि पश्चिमी व्यक्ति के नाते अपने स्वतन्त्र विवेक का अणुमात्र भी मैंने उत्सर्ग नहीं किया है। मैं सभी की आस्था का सम्मान करता हूँ, बहुधा उससे प्रेम भी करता हूँ। पर उसे ओढ़ नहीं लेता हूँ। रामकृष्ण मेरे हृदय के अत्यन्त निकट हैं क्योंकि मुझे उनमें एक मनुष्य दीखता है, एक 'अवतार' नहीं जैसा कि उनके शिष्यों को। वेदान्तमत का अनुसरण करते हुए मुझे यह आवश्यक नहीं जान पड़ता कि यह स्वीकार करने के लिए कि जो दैवी है वह आत्मा में निवास करता है और आत्मा घट-घट में व्याप्त है— कि आत्मा ही ब्रह्म है—ईश्वर को एक महापुरुष की काया में बाँधना ही होगा। क्योंकि ऐसा करना अनजाने रूप में आध्यात्मिक राष्ट्रीयता का ही एक प्रकार है जिसे मैं ग्रहण नहीं कर सकता। मुझे जो कुछ है सभी में ईश्वर दीखता है। छोटे से छोटे अणु में भी वह उतना ही सम्पूर्ण दीखता है जितना विपुल ब्रह्माण्ड में। तत्वत: कोई भेद नहीं है। शक्ति व्यापक रूप से सीमाहीन है : हम देखें तो पहचानेंगे कि एक अणु में भी जो शक्ति छिपी है एक पूरे विश्व को ध्वस्त कर दे सकती है। अन्तर इतना ही होता है कि किसी आत्मा में, किसी अहं में, किसी विद्युत्करण में, शक्ति अधिक घनीभूत होती है। बड़े से बड़ा व्यक्ति भी उसी सूर्य का स्पष्टतर प्रतिबिम्ब होता है जो हर ओस की बूँद में चमकता है।

इसीलिए मेरे लिए आध्यात्मिक वीर पुरुषों के और प्राचीन अथवा आधुनिक काल के असंख्य साधारण जनों के बीच वैसी खाईं बनाना सम्भव नहीं है जिससे श्रद्धालु जन

इतने प्रसन्न होते हैं। रामकृष्ण अथवा विवेकानन्द को मैं उनकी समकालीन आध्यात्मिक सेना से उतना ही विशिष्ट मानता हूँ जितना क्राइस्ट या बुद्ध को उनके युग के आध्यात्मिक प्रवृत्ति से—न उससे कम न उससे अधिक।

विलेन'व — रोमां रोलां

क्रिसमस, १९२८

भूमिका

रामकृष्ण का आध्यात्मिक दाय ग्रहण करके उनके चिन्तन के बीजकणों को सारे संसार में वितरित करने का भार उनके जिस शिष्य के कन्धों पर पड़ा वह शारीरिक और नैतिक दोनों दृष्टियों से गुरु से सर्वथा भिन्न था।

●

परमहंस का पूरा जीवन देवी माँ भगवती के चरणों में बीता था। शैशव से ही वह देवी को समर्पित हो गये थे। आत्मचेतना से भी पहले उनमें यह चेतना जाग गयी थी कि देवी उनकी अनन्य प्रेयसी हैं। यद्यपि देवी से एकात्म होने के प्रयत्न में उन्हें वर्षों क्लेश उठाना पड़ा तथापि यह क्लेश मानो एक परीक्षा ही थी जिसके द्वारा वह अपने उस पवित्र धार्मिक प्रेम के लिए अपनी पात्रता प्रमाणित कर सके। जिस दुर्गम वन में वह भटक रहे थे उसकी असंख्य पगडंडियों का एक ही लक्ष्य था : सहस्रों चेहरों की विविधता में एक उसी देवी का वदन प्रतिबिम्बित था और जब रामकृष्ण लक्ष्य तक पहुँचे तब उन्होंने पाया कि उन्होंने देवी की मुखमुद्रा में ही इन सब विभिन्न चेहरों को पहचानना और अपनाना सीख लिया है और इस प्रकार देवी के ही रूप में वह समूचे संसार को अपना सकते हैं। उनका शेष जीवन इस विश्वव्यापी आनन्द की शान्त सम्पूर्णता में बीता जिसके उन्मेष को पश्चिम के लिए बेथोवेन और शिलर ने स्वर दिया।[१]

●

किन्तु परमहंस ने इस आनन्द का बेध पश्चिम के सन्त्रस्त वीरनायकों की अपेक्षा अधिक गहराई से किया था। बेथोवेन के लिए आनन्द केवल घर्षणशील मेघों की घटा के बीच में से आकाश की नीलिमा की झलक मात्र थी; परमहंस मानो संघर्षशील काल के परदे के पार राजहंस-से अपने विशाल शुभ्र पंख फैलाये चिरन्तनत्व के मरकत सरोवर पर विहार कर रहे थे।

●

---

१. **बेथोवेन की नवीं (समवेत) सिम्फ़नी की ओर संकेत है जिसका अन्त शिलर कृत आनन्द गीत के स्वरों के साथ होता है।**

उनके श्रेष्ठ शिष्यों का भी ऐसा सौभाग्य न था कि उसकी समानता कर सकें। उनमें जो सबसे महान् और समर्थ थे—विवेकानन्द—वह भी यदा-कदा तूफान में उड़ानें भरकर ही उनकी ऊँचाई तक पहुँच पाते थे। विवेकानन्द की ये उड़ानें बार-बार बेथोवेन का स्मरण दिलाती हैं। सरोवर के वक्ष पर विश्राम करते समय भी उनकी नौका की पाल मानों हर झोंके से फड़फड़ा उठती थी। धरती की पीड़ा भरी पुकारें मानो भूखे सागर-पक्षियों-सी उनके आस-पास मँडराती रहती थीं। उनके सिंह-हृदय में सामर्थ्य की (दुर्बलता की कभी नहीं) वासनाएँ उमड़ती रहती थीं। वह मानो मूर्तिमान तेजस थे और कर्म ही संसार को उनका सन्देश था। बेथोवेन की भाँति उनके लिए भी कर्म ही सब गुणों का मूल था। निष्क्रियता के—जिसका जुआ पूर्व के वृषभ-स्कन्धों पर इतना भारी पड़ा रहता है!—विरोध में उन्होंने यहाँ तक कहा था कि "सबसे ऊपर यह कि बलवान बनो, पुरुषार्थ करो! मैं उस दुष्ट का भी सम्मान कर सकता हूँ जिसमें पौरुष और सामर्थ्य है; क्योंकि एक दिन उसका सामर्थ्य ही उसे दुष्टता छोड़ने को—बल्कि स्वार्थमय कर्म छोड़ने को—बाध्य कर देगा और इस प्रकार अन्त में सत्य पर ले आवेगा।"

●

विवेकानन्द का पुष्ट शरीर भी रामकृष्ण के कृश-कोमल यद्यपि सुगठित शरीर से सर्वथा भिन्न था। लम्बा डील (पाँच फुट साढ़े आठ इंच), चौड़े कन्धे और छाती भारी, सुडौल पुष्ट और व्यायाम की अभ्यस्त भुजा, विवेकानन्द का रंग गेहुँआ, चेहरा भरा हुआ, माथा प्रशस्त और जबड़ा दृढ़ था। सुन्दर सुडौल और कुछ उभरी हुई आँखें और भारी पलकें कमल की पंखुड़ी की परिचित उपमा की याद दिला देती थीं। उनकी नजर के जादू से कुछ नहीं बच सकता था। उसका आकर्षण जितना दुर्निवार था उसकी विनोदशीलता अथवा करुणा भी उतनी ही व्यापिनी थी। वह समाधि में खो जाती थी और चेतना के गहनतम स्तर में पैठकर उसे उघाड़ कर रख देती थी। किन्तु विवेकानन्द का मुख्य गुण उनका राजस भाव था। वह मानो राजा ही जन्मे थे और भारत अथवा अमेरिका में जो भी उनके निकट आया वह मानो उसके सिंहासन के सामने सिर नवाने को बाध्य हो गया।

●

तीस वर्ष का यह अज्ञात नवयुवक जब सितम्बर १८९३ में शिकागो में सर्व-धर्म सम्मेलन (पार्लियामेन्ट आफ रेलिजन्स) के कार्डिनल गिबंस द्वारा उद्घाटन के अवसर पर प्रकट हुआ तब उसकी भव्य आकृति के सामने और सब प्रतिनिधि भुला दिये गये। एंग्लो-सैक्सन अमेरिकी जो आरम्भ में उसके रंग के कारण एक विरोधी पूर्वाग्रह लिए हुए थे उसकी सुन्दर और बलिष्ठ देह, उसकी शालीन भंगिमा और प्रभावशाली मुद्रा, उसकी आँखों की गहरी चमक और उसके बोलना आरम्भ करने पर उसकी गम्भीर वाणी

के भव्य संगीत से मुग्ध हो गये। भारत के इस क्षत्रिय सन्देश वाहक की चिन्ताधारा की अमेरिका पर गहरी छाप पड़ी।

●

उनके कहीं भी दूसरे स्थान पर होने की कल्पना ही कठिन थी—जहाँ भी वह जाते उनका स्थान सर्वप्रथम ही होता। स्वयं उनके गुरु रामकृष्ण ने एक स्वप्न में अपने प्रिय शिष्य के सम्मुख अपने को किसी महर्षि के सम्मुख एक शिशु-सा देखा था। विवेकानन्द स्वयं इस सम्मान को अस्वीकार करने का प्रयत्न करते, अपनी कड़ी आलोचना करते और अपने को हीन सिद्ध करना चाहते किन्तु व्यर्थ; उन्हें देखते ही प्रत्येक व्यक्ति उन्हें नेता का, भगवान् के कृपापात्र का वरिष्ठ पद दे देता। हिमालय में कहीं एक अपरिचित व्यक्ति से राह में अचानक उनसे भेंट हो जाने पर विस्मय-स्तब्ध होकर पुकार उठा था, "शिव"।

●

ऐसा जान पड़ता था कि उनके इष्ट देवता ने स्वयं अपना नाम उनके ललाट पर लिख दिया है।

●

किन्तु यही ललाट अन्तःकरण की आँधियों द्वारा उकेरी गयी चट्टान-सा भी था। रामकृष्ण की हल्की मुसकान जिस मुक्त चिन्तनाकाश के शान्त वायुमंडल का आवाहन करती थी उस तक विवेकानन्द कदाचित् ही पहुँचते थे। उनका बलिष्ठ शरीर और उनकी प्रबल मेधा दोनों उनकी आत्मा के समस्त झंझावातों के पूर्व निर्दिष्ट समर-क्षेत्र थे। अतीत और वर्तमान, पूर्व और पश्चिम, स्वप्न और यथार्थ प्रभुत्व के लिए अविराम लड़ रहे थे। अपने ज्ञान और सामर्थ्य के कारण उनके लिए यह सम्भव नहीं था कि अपने स्वभाव के या सत्य के एक अंश का उत्सर्ग करके सामंजस्य प्राप्त कर लें। विरोधी महच्छक्तियों में समन्वय स्थापित करने के लिए उन्हें वर्षों संघर्ष करना पड़ा जिसके लिए बड़े साहस की आवश्यकता थी और जिसमें अन्त में उनका जीवन ही आहुति हो गया। उनके लिए जीवन और संग्राम पर्यायवाची थे और उनके दिन मानो गिने हुए थे। राधाकृष्ण की और उनके महान् शिष्य की मृत्यु के बीच केवल सोलह वर्ष का अन्तराल रहा—संघर्ष और विस्फोट से भरे हुए सोलह वर्ष···अभी आयु का चालीसवाँ वर्ष पूरा नहीं हुआ था कि वह बलवान् शरीर चितारूढ़ हो गया····

●

किन्तु उस चिता की ज्वाला मानो अब भी जल रही है। पौराणिक भृंगराज की भाँति उसी की राख में से भारत की आत्मा नया जन्म लेकर प्रकट हुई है : उसमें अपनी एकता में और अपने महान् संदेश में नया विश्वास जागा है। यही सन्देश जिसका मनन और चिन्तन इस प्राचीन जाति की प्रतिभा वैदिक काल से करती आयी है वह थाती है जो उसे शेष मानव-जाति को सौंप देनी है।

अनुक्रम

श्री रामकृष्ण

बंगाल के ताल वृक्षों, पोखरों और धनखेतों के बीच बसे ग्रामों में से एक कमरपुकुर गाँव में एक प्राचीन निष्ठावान चट्टोपाध्याय ब्राह्मण परिवार रहता था। यह रामभक्त परिवार जितना निर्धन था उतना ही धर्मवान्। पिता खुदीराम अपनी सत्यनिष्ठा के कारण अपना सब कुछ गँवा बैठे थे, क्योंकि उन्होंने अपने पड़ोसी जमींदार के पक्ष में झूठी गवाही देना अस्वीकार कर दिया था। उन्हें भगवान् ने दर्शन दिया। साठ वर्ष की आयु में वह गया के विष्णु-पद तीर्थ की यात्रा करने गये थे जब रात में भगवान् ने दर्शन देकर उन्हें कहा, "मैं संसार के कल्याण के लिए जन्म लेने वाला हूँ।"

लगभग इसी समय कमरपुकुर में उनकी पत्नी चन्द्रमणि ने स्वप्न देखा कि उन पर देवता उतरते हैं। उनकी झोंपड़ी के सामने के मन्दिर में शिव-प्रतिमा उनके देखते-देखते सजीव हो उठी। ज्योति की एक प्रखर किरण चन्द्रमणि के अन्तःकरण को भेद गयी। आविष्ट चन्द्रमणि मूर्च्छित हो गयीं, जब उन्हें होश हुआ तब उन्होंने जाना कि वह गर्भवती हैं। पति ने लौटने पर उन्हें बिल्कुल बदला हुआ पाया। उन्हें देववाणी सुनाई देती थी; उनकी कोख में भगवान् थे।

फरवरी १८, १८३६ को इस शिशु का जन्म हुआ जिसे संसार ने रामकृष्ण नाम से जाना किन्तु जिसे शैशव में गदाधर का मधुर नाम दिया गया था। बालक गदाधर सुन्दर, चपल और अत्यन्त चंचल था और उसमें एक स्त्रियोचित सुकुमारता थी जो अन्त तक बनी रही। उस समय बालक स्वयं तो क्या कोई भी नहीं जानता था कि इस हँसमुख शिशु की छोटी-सी देह में कितना विस्तीर्ण आकाश, कितनी अगम गहराइयाँ छिपी हुई हैं। छह वर्ष की आयु में बालक ने उनका संकेत पाया। जून अथवा जुलाई १८४८ में वह आँचल में थोड़ी-सी भुनी मुड़ी-चबैना बाँधे खेतों की ओर जा रहा था।

"धनखेतों के बीच पगडंडी पर मैं चला जा रहा था। मुड़ी चबाते हुए मैंने आँखें उठाकर आकाश की ओर देखा। एक भारी काला मेघ बड़ी तेजी से फैल रहा था। सारा आकाश उससे छा गया। एकाएक उसके छोर से लगी हुई हिम-शुभ्र बगुलों की एक पाँत उठती हुई मेरे सिर के ऊपर से निकल गयी। रंगों का विपर्यय इतना आकर्षक था कि मेरा मन न जाने कहाँ दूर उड़ गया। मैं अचेत होकर भूमि पर गिर पड़ा। सारा चबैना बिखर गया। कोई मुझे गोदी में उठा कर घर ले आया। मैं आनन्द और भावों के अतिरेक में डूब गया···समाधि का अनुभव मुझे पहली बार तभी हुआ।"

तब से ऐसी आविष्ट अवस्था प्रायः ही होने लगी। यूरोप में तो इसका भाग्य पूर्व निर्दिष्ट ही होता। बालक को पागलखाने में भेज दिया जाता और प्रतिदिन मानसिक उपचार किये जाने लगते। आयासपूर्वक दिन प्रतिदिन वह अन्तर्ज्योति धीमी करके अन्त में निर्वापित कर दी जाती। कभी-कभी तो उपचार में बालक के प्राण ही चले जाते हैं। भारत में यद्यपि ऐसी दिव्य ज्योतियों की शतियों लम्बी परम्परा चली आयी है फिर भी माता-पिता को चिन्ता हुई। बालक की आविष्ट अवस्थाओं से वे डरे भी। पर इन सूक्ष्म क्षणों को छोड़ बालक का स्वास्थ्य बिल्कुल अच्छा था और प्रतिभाशाली होने पर भी उसे अतिसाधारण अथवा अनोखा नहीं कहा जा सकता था। उसकी कुशल उँगलियाँ देव-प्रतिमाएँ बनाती थीं। रामकथा उसके मन में स्वयं पुष्पित-पल्लवित होती थी। कृष्णभक्ति के पद वह बड़े ललित स्वर से गाता था और कभी-कभी उसकी अकाल-परिपक्व बुद्धि विद्वानों से जा उलझती थी और उन्हें चकित कर देती थी जैसे यीशु ने यहूदी पंडितों को चकित किया था।

रामकृष्ण सात वर्ष के थे जब उनके पिता का देहान्त हो गया। अगले कुछ वर्ष परिवार के लिए बड़े संकट के थे क्योंकि उनके पास साधन कुछ न थे। बड़े लड़के रामकुमार ने कलकत्ते जाकर एक पाठशाला खोली। सन् १८५२ में उसने छोटे भाई को, जो अब किशोरावस्था में था, बुलवा भेजा। पर अनुज भीतरी जीवन की प्रेरणा से प्रेरित और सर्वथा अबाध्य था और उसने पढ़ना स्वीकार नहीं किया।

उन्हीं दिनों कलकत्ते से कोई चार मील दूर गंगा के पूर्वी तट पर दक्षिणेश्वर में रानी रासमणि ने, जो इतर जाति की एक धनवती महिला थीं, देवी माँ महाकाली का एक मन्दिर बनवाया। मन्दिर के पुजारी के पद के लिए उपयुक्त ब्राह्मण पाने में उन्हें कठिनाई हो रही थी। साधु-संन्यासी और सन्तों में श्रद्धा रखने वाले धर्मवान् भारत देश में पुजारी के वैतनिक पद के प्रति एक आश्चर्यजनक उपेक्षा पायी जाती है। यूरोप की भाँति यहाँ मन्दिर भगवान् की देह और आत्मा नहीं है, न भगवान् के दैनिक यजन की पवित्र भूमि। मन्दिर सर्वप्रथम धनिकों द्वारा प्रस्तुत श्लाघ्य प्रतिष्ठान है—जिनकी प्रतिष्ठापना के द्वारा वे पुण्यार्जन करना चाहते हैं। सच्ची उपासना तो निजी कर्म है, उसका मन्दिर तो प्रत्येक एकाकी आत्मा है। फिर यहाँ यह भी प्रश्न था कि इस मन्दिर की प्रतिष्ठापिका शूद्रा होने से उसके पुजारी का पद ब्राह्मण के लिए और भी हीन था। राजकुमार ने १८५५ में हारकर उसे स्वीकार कर लिया। पर छोटे भाई ने, जो जात-पाँत के मामले में बड़ा कट्टर था, बड़ी कठिनाई से ही इस परिस्थिति के साथ समझौता किया। फिर भी धीरे-धीरे रामकृष्ण का विरोध-भाव शान्त हो गया और एक वर्ष पीछे भाई की मृत्यु हो जाने पर वह स्थान ग्रहण करने को राजी हो गये।

काली के नये पुजारी की आयु तब बीस वर्ष की थी। जिस देवी की सेवा का दायित्व युवा पुजारी ने लिया था वह कितनी विकराल हैं यह उसे ज्ञात नहीं था। अपने

शिकार को सम्मोहित कर लेने वाली सिंहिनी की भाँति देवी मानो उसी को अपना ओदन बनाये उसके साथ खेलती रही और अगले दस वर्ष इसी प्रकार देवी की दीप्त आँखों के नीचे बीत गये। रामकृष्ण मन्दिर में देवी के साथ अकेले रहते थे पर मानो एक तूफान के केन्द्र-बिन्दु पर; क्योंकि मन्दिर की देहरी पर साधकों का ताँता लगा रहता था—उनके तप्त उच्छ्‌वास मानो मौसमी आँधी की तरह वहाँ धूल के बगूले उठाते रहते थे। असंख्य यात्री, संन्यासी, साधु, फकीर—हिन्दू और मुसलमान—आविष्टों और दीवानों की भीड़ वहाँ लगी ही रहती थी।

अनन्तर विवेकानन्द ने रामकृष्ण से पूछा था—"आपने भगवान् को देखा है?"

उन्होंने उत्तर दिया था—"मैं देख रहा हूँ—जैसे तुम्हें देख रहा हूँ—पर कहीं अधिक प्रकट", और इसमें उनका आशय सूक्ष्म दर्शन का नहीं था यद्यपि उसका भी वे अभ्यास करते थे।

सन् १८५८ में जिस समय की घटनाओं का उल्लेख हम कर रहे हैं तब तक उन्हें सिद्धि प्राप्त नहीं हुई थी, अभी लम्बी यात्रा शेष थी। वास्तव में इस समय ईश्वर का यह दीवाना मानो उस अन्धे की तरह था जो बन्द आँखें लिए और बिना ही पथदर्शक के भटक रहा हो। मार्ग पर बढ़ने की बजाय वह झाड़-झंझाड़ में उलझता या खड्डों में गिर पड़ता था। फिर भी वह बढ़ता ही जा रहा था। गिरकर फिर सँभलता वह उठ खड़ा होता था और आगे चल पड़ता था।

ऐसा न समझा जाये कि रामकृष्ण हठी अथवा अहंकारी थे। वह अत्यन्त सरल स्वभाव के थे। अगर कोई उन्हें कहता कि उनकी अवस्था रोगी की है तो वह उपचार कराने को तैयार हो जाते और जो कोई भी औषधि उन्हें दी जाती वे उसके सेवन से इन्कार न करते। कुछ दिनों के लिए उन्हें वापस उनके गाँव कमरपुकुर भेज दिया गया। उनकी माता की इच्छा उनकी विवाह कर देने की थी, इस आशा में कि कदाचित् विवाह से यह दैवी उन्माद दूर हो जाये। उन्होंने भी विरोध नहीं किया बल्कि इस विचार पर एक निश्छल आनन्द ही प्रकट किया। किन्तु कैसा विचित्र था यह विवाह—देवी से उनके सम्बन्ध से कुछ ही अधिक शरीरी—(और अध्यात्म की दृष्टि से उससे कहीं कम यथार्थ)। वधू (१८५९) पाँच वर्ष की बालिका थी। विवाह के उपरान्त प्रथा के अनुसार वह पितृगृह को लौट गयी और अगले आठ-नौ वर्षों की लम्बी अवधि में उसने पति को दुबारा नहीं देखा। उधर पति, जो माँ के पास रहकर मानो कुछ शान्त होते जान पड़े थे, फिर अपने मन्दिर को लौट गये।

किन्तु महाकाली उनकी प्रतीक्षा में बैठी थीं। मन्दिर की देहरी पार करते ही दैवी उन्मान विकट रूप लेकर उभर आया। उनकी आँखें लम्बी अवधि तक अपलक खुली रह जातीं। उन्हें ज्ञान पड़ने लगा कि वह पागल हो रहे हैं और भीत होकर माँ काली की ही शरण गये। काली का दर्शन ही निस्तार का एकमात्र आसरा था। मानसिक आवेश और निराशा की इस अवस्था में दो वर्ष और बीत गये।

अन्त में सहारा मिला।

इस समय तक वह मानो आत्मा के अज्ञात और सीमाहीन प्रवाह में अकेले ही तैरते हुए उसके भँवरों में फँसते रहे थे। उनकी शक्ति समाप्त-प्राय थी जब दो अन्य व्यक्ति वहाँ प्रकट हुए; इन्होंने उनका सिर पानी से ऊपर उठाया और उन्हें सिखाया कि धारा को पार करने के लिए कैसे उसी के वेग से काम लेना चाहिए।

एक दिन रामकृष्ण मन्दिर के अपने कक्ष से गंगा के वक्ष पर रंगीन पालदार नौकाओं का आना-जाना देख रहे थे कि एक नाव मन्दिर पर आ लगी। एक स्त्री उतरकर घाट की सीढ़ियाँ चढ़ने लगी : लम्बा शरीर, सुन्दर रूप, लम्बे खुले बाल, संन्यासिनी का जोगिया वेष, आयु पैंतीस और चालीस के बीच; परन्तु देखने में इतनी नहीं जान पड़ती थी। रामकृष्ण उसे देखकर प्रभावित हुए और उन्होंने उसे बुला भेजा। स्त्री आयी। आकर उन्हें देखते ही वह यह कहती हुई रो पड़ी कि "बेटा, मैं तुम्हें बहुत दिनों से खोज रही हूँ!"

वह एक अभिजात बंगाली ब्राह्मण परिवार की वैष्णव महिला थी। सुशिक्षित और विशेषतया भक्ति साहित्य में सुपठित। उसने बताया कि वह बहुत दिनों से एक देवाविष्ट जन की खोज में थी जिसका संकेत उसकी अन्तरात्मा ने दिया था और जिसके लिए एक सन्देश सौंपा गया था। बिना अधिक परिचय के और बिना उसका नाम तक जाने (अनन्तर कभी भी उसका भैरवी ब्राह्मणी के अतिरिक्त दूसरा कोई नाम नहीं जाना गया) काली के पुजारी ने उसे मातृवत् ग्रहण किया और शिशु-सुलभ भाव से उसे अपनी खोज और बाधाओं, अपनी साधना और तत्सम्बन्धी शारीरिक और मानसिक यन्त्रणाओं की पूरी गाथा सुना डाली। रामकृष्ण ने बताया कि बहुत से लोग उन्हें पागल समझते हैं और बड़े दीन भाव से पूछा कि क्या सचमुच लोग ठीक कहते हैं? भैरवी ने उनकी सारी बातें सुनकर उन्हें वात्सल्यपूर्वक आश्वस्त किया और समझाया कि भय का कोई कारण नहीं है—बिना गुरु-निर्देश के भी रामकृष्ण निस्संदेह भक्ति-ग्रन्थों में वर्णित साधना की एक उच्चतम अवस्था में पहुँच गये हैं और उनकी यातना केवल उनकी प्रगति की माप है। भैरवी ने उनके शरीर की भी देख-भाल की और उनके मनोजगत् को भी आलोकित किया। ज्ञान का जो मार्ग रामकृष्ण अकेले रात के अंधकार में आँखों पर पट्टी बाँधे पार करते आये थे वही अब भैरवी की सहायता से उन्होंने दिन के खुले प्रकाश में दुबारा पार किया और पहचाना। रामकृष्ण कुछ वर्षों के इस अन्तराल में केवल सहज बुद्धि के सहारे वहाँ 'पहुँच' गये थे जहाँ तक पहुँचने में रहस्य ज्ञान को शताब्दियाँ लग गयी थीं; किन्तु सिद्धियों पर पूरा अधिकार पाने के लिए यह आवश्यक था कि उन तक पहुँचने का पूरा मार्ग देखकर पहचान लिया जाये।

भैरवी ने रामकृष्ण में भगवान् का अवतार पहचाना। परिणामत: उसने दक्षिणेश्वर में एक सभा बुलायी और पंडितों द्वारा शास्त्रार्थ के उपरान्त आग्रह किया कि धर्मज्ञों को नये

अवतार को सार्वजनिक रूप से मान्यता देनी चाहिए।

रामकृष्ण की कीर्ति चारों ओर फैलने लगी। दूर-दूर से लोग उस अद्‌भुत पुरुष को देखने आने लगे जिसे एक नहीं सभी सिद्धियाँ प्राप्त थीं। साधु, सन्त, संन्यासी, साधक—नाना पथों से भगवान् का शोध करने वाले सभी प्रकार के तपस्वी—उनसे निर्देश पाने अथवा शिक्षा ग्रहण करने आने लगे और वह मानो चौराहे पर बैठक उनका संचालन करने लगे। इन लोगों के वर्णनों से पता लगता है कि उन पर रामकृष्ण की आकृति का—साधना की आग में तपी हुई कांचन की-सी देह का—प्रभाव कितना गहरा पड़ता था। रामकृष्ण दान्ते की तरह नरक से लौटकर नहीं, मोती लाने वाले पनडुब्बे की तरह अगम सागर से लौटकर आये थे। किन्तु अपने जीवन के अन्त तक वह एक अत्यन्त सरल व्यक्ति रहे। अभिमान उन्हें छू भी नहीं गया था। मानो भगवान् के नशे में उन्हें अपने विषय में सोचने का समय ही नहीं था और जो वह उपलब्ध कर चुके थे उसकी बजाय जो उन्हें अभी और करना था उसी की ओर उनका ध्यान था। उनके अवतार होने की चर्चा उन्हें अप्रिय लगती थी और जब वह उस बिन्दु पर पहुँच गये जिसे सब कोई, यहाँ तक कि उनकी गुरुस्थानी, या भैरवी भी चरम शिखर मानती थी तब भी वह और ऊपर की चढ़ाई की ओर ही देख रहे थे और वह अन्तिम कर्री चढ़ाई भी उन्हें चढ़नी ही थी।...

किन्तु इस अन्तिम चढ़ाई के लिए पुराने गुरु पर्याप्त नहीं थे और इस प्रकार उनकी आध्यात्मिक माँ भैरवी को, जिन्होंने तीन वर्षों तक उन्हें यत्नपूर्वक पाला था, अन्य असंख्य माताओं की भाँति वह दिन देखना पड़ा जब उनका पोष्य एक प्रबल समर्थतर आदेश सुनकर उन्हें छोड़कर आगे बढ़ गया।

सन् १८६४ के अन्तिम दिनों में लगभग उसी समय जब रामकृष्ण साकार ईश्वर का अतिक्रमण कर रहे थे निराकार ईश्वर का दूत दक्षिणेश्वर आ गया, यद्यपि अभी उसे स्वयं उस कार्य का पता नहीं था जिसका निमित्त वह बनेगा। यह दूत थे तोतापुरी, एक वेदान्ती संन्यासी, रमते योगी, जिन्होंने चालीस वर्ष की साधना के बाद ज्ञान लाभ किया था—जो इस संसार की माया के प्रति सर्वथा उदासीन सच्चे जीवन्मुक्त थे।

तोतापुरी ने ही रामकृष्ण को पहले देखा। वह पास से होते हुए आगे चले जा रहे थे क्योंकि तीन दिन से अधिक एक स्थान पर वह नहीं रह सकते थे। जाते-जाते उन्होंने युवा पुजारी को मन्दिर की सीढ़ियों पर बैठे अपने आभ्यन्तर दर्शन के आनन्द में विभोर होते देखा। तोतापुरी की दीठ अटक गयी।

उन्होंने कहा, ''बेटा, दीखता है कि तुम सत्य मार्ग पर बहुत दूर तक बढ़ गये हो। चाहो तो मैं अगले पड़ाव तक तुम्हें पहुँचा सकता हूँ। मैं तुम्हें वेदान्त की शिक्षा दूँगा।''

रामकृष्ण ने अत्यन्त सहज भाव से, जिसे लक्ष्य करके कठोर संन्यासी भी मुस्करा दिये थे, उत्तर दिया कि उन्हें पहले माँ काली से अनुमति लेनी होगी। उनकी अनुमति

पाकर रामकृष्ण ने अपने को पूरी श्रद्धा और विनय के साथ अपने गुरु को सौंप दिया।

किन्तु सबसे पहले दीक्षा लेना अनिवार्य था। इसकी पहली शर्त यह थी कि पद, सम्मान और सब चिह्नों का त्याग किया जाय—पुजारी के पद का और यज्ञोपवीत का भी। इनका रामकृष्ण के लिए कोई भी मूल्य न था पर उन्हें अपने उन राग-सम्बन्धों को भी उत्सर्ग करना था जिनके सहारे वह अब तक जीते रहे थे—सगुण साकार देवता का भी और अपनी भक्ति और तपस्या के पुण्य अथवा फल को भी—यहाँ भी, और परलोक में भी सदा के लिए। मिट्टी की तरह निःस्व और निरावरण होना—उन्हें प्रतीकरूप से स्वयं अपना दाहकर्म करना था, अपने अहं के अन्तिम अवशेष तक को मिटा डालना था। यह करके ही वह अपने नये जीवन के चिह्न धारण कर सकते थे, संन्यासी के गेरुए वस्त्र पहन सकते थे।

अब तोतापुरी ने उन्हें अद्वैत वेदान्त की शिक्षा देना आरम्भ किया, बताया कि अहं में कैसे इतना पैठा जा सकता है कि ब्रह्म से उसकी एकात्मकता पहचानी जा सके और कैसे समाधि में ब्रह्म को पाया जा सकता है।

यह समझना भूल होगी कि समाधि की और सब सीढ़ियाँ पार कर आने वाले व्यक्ति के लिए भी इस अन्तिम सीढ़ी तक पहुँचने वाले द्वार की कुंजी पा लेना सरल हुआ होगा। रामकृष्ण के अपने वृत्तान्त को उद्धृत करना ही उचित होगा क्योंकि वह न केवल भारत के धार्मिक साहित्य की निधि हैं वरन् पश्चिम के उस संग्रह की भी, जिसमें अध्यात्म विज्ञान की उपलब्धियों से सम्बद्ध सभी दस्तावेज सुरक्षित हैं :

''उस नंगे आदमी तोतापुरी ने मुझे मन को सभी विषयों से खींचकर आत्मा की गहराई में डूबना सिखाया। किन्तु अपने सारे प्रयत्नों के बावजूद मैं नाम-रूप का क्षेत्र पार करके अरूप तक नहीं पहुँच पाता था। माँ की सुपरिचित दीप्त मूर्ति को छोड़कर और सभी विषयों से अपने मन को खींच लेने में मुझे कोई कठिनाई नहीं होती थी पर वह ज्ञान की सार-रूपा एक जीवित सत्य-सी मेरे सम्मुख आ खड़ी होती थीं और आगे का मार्ग रोक देती थीं। मैंने अनेक बार अद्वैत वेदान्त की शिक्षा पर मन स्थिर करने का प्रयत्न किया किन्तु प्रत्येक बार माँ की मूर्ति बाधा बनकर आ खड़ी हुई। अन्त में मैंने हताश होकर तोतापुरी से कहा, 'कोई लाभ नहीं है। मैं अपने मन को अरूप तक ले जाकर आत्मा का साक्षात्कार कभी न कर सकूँगा।' उन्होंने कठोर होकर उत्तर दिया, 'क्या कहा—नहीं सकोगे? सकना होगा!' इधर-उधर देखकर उन्हें काँच का टुकड़ा मिला उसे उठाकर उसकी नोक मेरी आँखों के बीच गड़ाते हुए उन्होंने कहा, 'अपने मन को इस बिन्दु पर केन्द्रित करो।' तब मैं सारा बल लगाकर ध्यान करने लगा और जब देवी माँ की भव्य मूर्ति प्रकट हुई तब मैंने विवेक की तलवार से उसके दो टुकड़े कर दिये। अन्तिम बाधा दूर हो गयी और मेरी आत्मा एकाएक सगुण के पार पहुँच गयी। मैं समाधि में डूब गया।''

उस दुर्लभ का द्वार कड़ी तपस्या और घोर यन्त्रणा के पश्चात् ही खुल सका। पर यह देहरी पार होते ही रामकृष्ण अन्तिम सीढ़ी—निर्विकल्प समाधि—पर पहुँच गये जहाँ विषय और विषयी दोनों ही नि:शेष हो जाते हैं।

सन् १८६५ के अन्तिम दिनों में तोतापुरी के चले जाने पर रामकृष्ण छह मास से अधिक अवधि तक समाधि में रहे। शरीर जहाँ तक सह सकता है वहाँ तक वह निर्विकार में विलीन हुए रहे। विश्वास करना कठिन है पर छ: मास तक वह अचल समाधि में रहे जिसमें देह मानो घर की तरह पड़ी रह जाती है और जीर्ण हो जाती है। यदि एक भतीजा ही उनकी त्यक्त देह की देखभाल न करता रहता तो शायद उसका अन्त ही हो जाता। समाधि द्वारा अरूप से एकात्म की यह चरम अवस्था थी—इससे आगे जाना असम्भव था।

अनन्तर रामकृष्ण ने स्वयं स्वीकार किया कि वह मानो विधि को ललकार रहे थे और उनका जीवित लौट आना एक आश्चर्यजनक घटना ही थी। अपने शिष्यों को वह ऐसी किसी परीक्षा के विरुद्ध चेतावनी देते रहे। विवेकानन्द को तो उन्होंने इसका निषेध ही कर दिया—इस आधार पर कि जिन महान् आत्माओं का यह कर्तव्य होता है कि वे अपने सुख को दूसरों की सेवा के लिए बलिदान कर दें उनके लिए यह परीक्षा एक वर्जित सुख ही होती है। युवा नरेन (विवेकानन्द) ने उनसे निर्विकल्प समाधि का मार्ग बताने का आग्रह किया था, किन्तु रामकृष्ण ने असीम की खाईं की ओर का यह भयानक द्वार खोलने से रोषपूर्वक इन्कार कर दिया, यद्यपि वह कभी क्रोध नहीं करते थे और अपने प्रिय शिष्य की भावनाओं को चोट न पहुँचे इसके लिए विशेष सतर्क रहते थे। उन्होंने कहा : "धिक्कार है तुम्हें! मैं समझता था तुम असंख्य थकी आत्माओं को आश्रय देने वाले विशाल वट वृक्ष होगे। उसके बदले तुम स्वार्थवश केवल अपना कल्याण सोच रहे हो। बेटा, इन छोटी चीजों को छोड़ो। ऐसे एकमुखी आदर्श से तुम्हें कैसे सन्तोष हो सकता है? तुम्हें तो सर्वोन्मुख होना चाहिए—ईश्वर को सभी रूपों में ग्रहण करना चाहिए!" (इससे उनका अभिप्राय था ध्यान और कर्म दोनों के द्वारा जिससे कि वह उच्चतम ज्ञान को मानवमात्र की उच्चतम सेवा में परिवर्तित कर सकें।)

त्याग के इस कठोर कर्तव्य से मर्माहत होकर नरेन रो पड़े। यह उन्होंने स्वीकार किया कि गुरु की कठोरता उचित है पर जीवन के अन्त तक उनके हृदय में निर्विकल्प समाधि की कामना बनी रही। यद्यपि उन्होंने अपना जीवन पूरे धैर्य, साहस और सच्ची लगन के साथ मानव जाति की सेवा में अर्पित कर दिया।

मन्दिर से रामकृष्ण कई मुसलमान फकीरों को भी गुजरता हुआ देखते क्योंकि दक्षिणेश्वर की इतर-जातीया किन्तु उदार-हृदया संस्थापिका रानी रासमणि ने सभी धर्मों के अतिथियों के लिए स्थान सुरक्षित करने की इच्छा प्रकट की थी। इस प्रकार रामकृष्ण ने गोविन्द राय नाम के एक दीन मुसलमान को प्रार्थनारत देखा और उसकी झुकी हुई देह

की गुदड़ी के भीतर भी पहचान लिया कि इस व्यक्ति ने इस्लाम द्वारा भी ईश्वर को पा लिया है। रामकृष्ण ने गोविन्द राय से भी दीक्षा माँगी और कई दिनों तक अपने देवता को बिल्कुल भूल गये। उन्होंने न उनकी पूजा की न उन्हें स्मरण किया। वह मन्दिर की चारदीवारी से बाहर ही रहते रहे और अल्लाह का नाम रटते रहे। उन्होंने मुसलमानी पोशाक भी पहन ली और यहाँ तक कि गोमांस भक्षण के अकल्पनीय पाप के लिए भी प्रस्तुत हो गये। हतबुद्धि माथुर बाबू ने, जो मन्दिर के और रामकृष्ण के संरक्षक थे, उन्हें रोकने का यत्न किया। उन्होंने गुप्त रूप से भोजन भी मुसलमान की देख-रेख में किन्तु ब्राह्मण द्वारा बनवाया जिससे रामकृष्ण धर्मभ्रष्ट न हो जावें। रामकृष्ण ने अपने को सम्पूर्णतया एक दूसरे मनोजगत् को सौंपकर एक और आध्यात्मिक यात्रा पूरी की और फिर एक आदर्श को चाक्षुष रूप में देखा। लम्बी श्वेत दाढ़ी और गम्भीर मुद्रावाली एक कान्तिमान् मूर्ति उनके सम्मुख प्रकट हुई (पैगम्बर का उन्होंने इसी रूप में ध्यान किया होगा)। रामकृष्ण आगे बढ़कर उस मूर्ति में विलीन हो गये। इस प्रकार उन्होंने इस्लाम के ईश्वर को—एक सगुण ब्रह्म को—पाया। फिर वह और आगे बढ़कर निर्गुण ब्रह्म में विलीन हो गये। इस्लाम की नदी भी उन्हें उसी महासागर तक ले गयी।

इसके सात वर्ष पश्चात् इसी प्रकार के एक अनुभव से रामकृष्ण ने मसीही धर्म को आत्मसात् किया। नवम्बर १८७४ के लगभग कलकत्ते के मल्लिक नाम के एक हिन्दू ने, जिनका दक्षिणेश्वर के पास ही बगीचा था, रामकृष्ण को बाइबिल पढ़कर सुनाया। रामकृष्ण का पहले-पहल क्राइस्ट से परिचय हुआ। कुछ दिन बाद ही यह परिचय साक्षात्कार में परिवर्तित हो गया। ईसा की जीवनी भीतर ही भीतर उन पर छा गयी थी। एक दिन वह अपने परिचित एक संपन्न हिन्दू के घर बैठे हुए थे कि दीवार पर उन्होंने मरियम और शिशु ईसा का एक चित्र देखा। सहसा चित्रित व्यक्ति सजीव हो उठे, फिर जो प्रत्याशित था वही हुआ : दिव्य मूर्तियाँ आगे बढ़कर रामकृष्ण में प्रवृष्टि हो गयीं और उनका व्यक्तित्व सम्पूर्णतया आविष्ट हो गया। हिन्दू विचार-धारा के चिह्न मिट गये।

इस प्रलय प्रवाह में छटपटाते हुए आतंकित रामकृष्ण ने पुकारा, "माँ! यह तुम्हारा कैसा खेल है। मुझे बचाओ।" किन्तु पुकार व्यर्थ हुई। उस प्रवाह में सब कुछ बह गया। हिन्दू की आत्मा ही बदल गयी। क्राइस्ट के सिवा उसमें किसी के लिए कोई स्थान न बचा। कई दिनों तक वह मसीही चिन्तन और मसीही प्रेम में डूबे रहे। मन्दिर जाने की बात मानो वह बिल्कुल भूल गये। एक दिन दक्षिणेश्वर के उद्यान में तीसरे पहर घूमते हुए उन्होंने देखा बड़ी-बड़ी आँखों और शान्त मुद्रावाला एक गौरवर्ण व्यक्ति उनकी ओर बढ़ा आ रहा है। रामकृष्ण पहचाने बिना भी अपने अपरिचित अतिथि के प्रति आकृष्ट हो गये। निकट आने पर रामकृष्ण ने आत्मा की गहराई में एक स्वर सुना—

"देखो यह क्राइस्ट है जिसने संसार के उद्धार के लिए अपना रक्त बहा दिया, जिसने मानव के प्रति प्रेम के कारण दारुण यातना सही। यही है वह परम योगी जो

अनन्तकाल के लिए ईश्वर से एकात्म है—ईसा मूर्तिमान् प्रेम..."

इन्सान के बेटे ने भारत के सन्त देवी के पुत्र को अंक में भेंट लिया और आत्मसात् कर लिया। रामकृष्ण समाधि में खो गये। एक बार फिर उन्होंने ब्रह्म को पा लिया। फिर धीरे-धीरे वह धरती पर लौट आये। किन्तु उस समय से ईसा के देवत्व को स्वीकार करने लगे। ईसा अवतारी थे पर एकमात्र अवतार नहीं, बुद्ध और कृष्ण भी अवतार पुरुष थे।

रामकृष्ण ने अपने शिष्यों से कहा था—

"मैंने सभी धर्मों का अनुसरण किया है—हिन्दू, इस्लाम, मसीही—और विभिन्न हिन्दू सम्प्रदायों के मार्ग पर भी चला हूँ। मैंने पाया है कि सभी एक ही ईश्वर की ओर बढ़ते हैं यद्यपि अलग-अलग मार्गों से। तुम्हें एक साथ ही सब विश्वास परखने और सब मार्ग पार करने चाहिए। मैं जिधर देखता हूँ लोगों को धर्म के नाम पर झगड़ते हुए पाता हूँ—हिन्दू-मुसलमान, ब्राह्म-वैष्णव वगैरह—पर वे लोग यह नहीं देखते कि जिसे कृष्ण कहा जाता है उसी को शिव कहा जाता है, वही आद्या शक्ति है, वही ईसा और अल्लाह भी—वही सहस्र नामधारी राम भी। एक ही ताल के अनेक घाट हैं। एक से हिन्दू घड़ा भरते हैं वह जल होता है, दूसरे से मुसलमान मशक भरते हैं वह पानी होता है, तीसरे से ईसाई जो लेते हैं व वाटर कहलाता है। क्या हम कल्पना भी कर सकते हैं कि वह द्रव जल नहीं है केवल पानी या वाटर है? कैसी मूर्खता होगी वह! एक ही तत्व के अनेक नाम हैं, हर कोई एक ही परमतत्व की तलाश में है। देश, काल, स्वभाव, नाम बदलते हैं, पर तत्व नहीं बदलता। प्रत्येक अपने-अपने मार्ग से चले, अगर उसमें सच्चाई और लगन है तो उसका कल्याण हो—उसे अवश्य भगवान् मिलेंगे।

रामकृष्ण की अपने शिष्यों को क्या शिक्षा थी? विवेकानन्द ने उनकी पद्धति की, विशेषतया उस समय के भारत में मौलिकता पर बल दिया है, उसके बाद से तो उनके अनेक शिक्षा-सिद्धान्त यूरोप के नये स्कूलों में विधिवत् अपनाये गये हैं। उस समय तक भारत में गुरु जो कह दे वह कानून के बराबर था। गुरु अपने चेलों से माता-पिता से भी अधिक सम्मान की अपेक्षा रखता था। रामकृष्ण को यह मान्य न था। वह अपने को अपने युवा चेलों के बराबर मानते थे। वह उनके बन्धु सखा थे, उनके साथ सहज आत्मीयता से बात करते थे, किसी गुरुता के साथ नहीं। मानो इन बढ़ते हुए तरुण मानव-पौधों के और सूर्य के प्रकाश के बीच में आकर वह इनके विकास में बाधक होना नहीं चाहते थे। दूसरों के व्यक्तित्व के प्रति उनमें इतना सम्मान था, उसे अवरुद्ध करने से वह इतना डरते थे कि उन्हें शिष्यों की श्रद्धा पाने में संकोच होता था। वह नहीं चाहते थे कि शिष्यों का उनके प्रति प्रेम स्वयं शिष्यों के लिए बंधन बन जाये।

"मधुमक्खियों को अपने हृदय का मधु चूसने दो पर इस बात का ध्यान रखो कि तुम्हारे हृदय का सौंदर्य किसी मधुमक्खी को बन्दी न कर ले!"

शिष्यों पर अपने विचार लादने का तो कोई प्रश्न ही नहीं था। अध्यात्म विद्या और देव-विज्ञान पर व्यर्थ की चर्चा भी कभी नहीं होती थी।

"मुझे विवाद पसन्द नहीं है। ईश्वर तर्क की शक्ति से परे है। मैं देख सकता हूँ कि जो कुछ है सब ईश्वर है। फिर तर्क करने से क्या लाभ?... उद्यान में जाओ, पवित्र आम खाओ और फिर बाहर चले आओ। उद्यान में आम के वृक्ष के पत्ते गिनने तो कोई नहीं जाता। फिर पुनर्जन्म अथवा मूर्तिपूजा को लेकर विवाद में समय क्यों नष्ट किया जाये?"

तब फिर महत्व किस वस्तु का था? व्यक्तिगत अनुभव का। पहले प्रयोग करो फिर ईश्वर में विश्वास करो। विश्वास धार्मिक अनुभव के पहले नहीं आता, उसकी निष्पत्ति होनी चाहिए। अगर वह पहले आता है तो वह असंगत है।

रामकृष्ण के लिए दया का अर्थ था मानव-मात्र में बसे भगवान् से प्रेम, क्योंकि ईश्वर मानव में अवतरित होता है। जो व्यक्ति मानव में बसे ईश्वर को प्रेम नहीं करता वह मानव को प्रेम नहीं करता इसलिए मानव की सच्ची सेवा नहीं कर सकता और इससे जो उपपत्ति होती है वह भी सही है, जिसने भगवान् को प्रत्येक व्यक्ति में नहीं देखा वह भगवान् को जान नहीं सकता।

किन्तु जब तक यह दृष्टि नहीं मिलती तब तक क्या पीड़ित और मरती हुई मानव-जाति की उपेक्षा की जाये? नहीं, कदापि नहीं। जो रामकृष्ण ने स्वयं संपन्न नहीं किया, जो वह अपने कर्म की मर्यादा के और अपनी जीवनावधि की सीमा के (जो कि तब निकट ही आ रही थी) भीतर सम्पन्न कर नहीं सकते थे वह कार्य उन्होंने अपने पट्ट-शिष्य और अपनी सीख के उत्तराधिकारी विवेकानन्द के ऊपर छोड़ दिया—उस व्यक्ति के ऊपर, जिसे मानव-जाति के उद्धार के लिए मानव-जाति से अलग खींच लेना ही स्वयं रामकृष्ण का विशेष कर्तव्य था। विवेकानन्द को ही उन्होंने मानो स्वयं अपनी इच्छा के विरोध में 'दीन-दुखियों का कष्ट दूर करने का काम सौंपा।'

और विवेकानन्द उसमें अदम्य उत्साह और कर्मठता से जुट गये। उनका चरित्र गुरु के चरित्र से बहुत भिन्न साँचे में ढला था। उनके लिए आर्त की सहायता में एक दिन की, एक घंटे की देर करना भी असम्भव था। दूसरों का क्लेश मानो उनकी देह को पीड़ा देता था, वह उन पर छा जाता था और वह उससे त्रस्त होकर चीत्कार कर उठते थे।

रामकृष्ण अपने विचार को प्रत्येक शिष्य की दृष्टि की पहुँच के अनुकूल ढाल ले सकते थे। मानवी चेतना के सूक्ष्म संतुलन को तोड़ न देकर वह उसके अंगों के अनुपात को बड़ी बारीकी से बदलते रहकर और पुष्ट कर देते थे। प्रत्येक के स्वभाव के अनुसार वह अपनी पद्धति में इतने परिवर्तन ले आते थे कि कभी-कभी ऐसा जान पड़ने लगता था कि उनके विचारों में परस्पर विरोध है।

ऐसी संभावना की जा सकती थी कि जो व्यक्ति निरन्तर असीम के संपर्क में रहकर साधारण जीवन का नियमन करने वाली व्यवस्था से अलग रहता है उसके लिए यह

सम्भव ही न होगा कि दैनन्दिन कर्म-व्यापार की हजारों बारीकियों को समझता और उनका निर्देशन करता रहे। पर रामकृष्ण के बारे में इससे उल्टा ही सत्य था। माया के बंधन से मुक्ति पाकर उन्होंने अपनी आँखों से सब पूर्वाग्रहों, धर्माग्रहों, हृदय अथवा मन की संकीर्णता और कट्टरता की पट्टी उतार फेंकी थी और अब क्योंकि खुले और स्वाधीन चिन्तन में कोई बाधा नहीं थी इसलिए वह सभी व्यापारों पर एक मुदित सहज गंभीरता से विचार कर सकते थे। उनके सुकरात के ढंग के प्रवचनों से आज का श्रोता अचम्भे में आ सकता है। वे बहुधा क्राइस्ट की अपेक्षा मांटेन अथवा इराज़्मस के अधिक निकट होते थे। उनके व्यंग्यमय स्वर और स्वच्छ विनोद का बड़ा स्वस्थ प्रभाव पड़ता था। बंगाल के भावुक वातावरण में प्रभावग्राही युवा मानसों के लिए उनका आकर्षण और भी दुगुना हो जाता होगा। यहाँ उनके दो चुटीले उदाहरण देना यथेष्ट होगा—हाथी का दृष्टान्त और साँप का दृष्टांत। पहले में रामकृष्ण व्यंग्यपूर्वक अपने शिष्यों को एक ओर हिंसा और दूसरी ओर संपूर्ण अविरोध के अतिवादों से बचने की चेतावनी दे रहे थे : दूसरे में उनका व्यंग्य मानो उनकी अपनी ओर मुड़ गया था। अति नैतिकतावाद और कर्म के प्रति उदासीनता का वह खतरा उन्होंने पहचान लिया था, जिससे युवा बुद्धि को ईश्वर की सर्व-व्यापकता का सन्निपात हो जा सकता है। उन्होंने विनोद-भाव से हममें और हमारे परिवेश में ईश्वर की उपस्थिति का अनुपात आँका और ईश्वर की सृष्टि और उसके नियमों में एक पद-क्रम स्थापित किया।

हाथी—किसी एक वन में एक धर्मात्मा पुरुष रहता था जिसके अनेक शिष्य थे। एक दिन उसने यह उपदेश दिया कि ईश्वर क्योंकि प्रत्येक वस्तु में व्याप्त है इसलिए हमें संसार की प्रत्येक वस्तु के आगे श्रद्धापूर्वक सिर झुकाना चाहिए। एक शिष्य उस समय यज्ञ के लिए समिधा लाने गया हुआ था। एकाएक उसने पुकार सुनी—'बचो! बचो! बचो! एक मत्त हाथी आ रहा है।' तत्काल एक को छोड़ सब शिष्य भाग गये। वह अकेला यों तर्क करने लगा—'हाथी भी तो ईश्वर का एक रूप है तब मैं क्यों उससे भागूँ?' अतः वह वहीं खड़ा रहा और हाथी को प्रणाम करके उसके गुण गाने लगा। महावत चिल्लाया—'हटो। बच जाओ।' पर शिष्य एक पग भी न हटा। हाथी ने उसे सूँड़ में लपेट कर उठा लिया और दूर ले जाकर पटक दिया। अभागा गहरी चोट खाकर वहीं सुन्न पड़ा रह गया। गुरु ने सुना तो सबको लेकर सहायता के लिए दौड़े। उसे उठाकर घर लाया गया और सेवा-शुश्रूषा होने लगी। जब उसे चेत हुआ तो सबने पूछा—'महावत की पुकार सुनकर तुमने अपनी रक्षा क्यों नहीं की?'

युवक बोला—'गुरु ने हमें अभी-अभी सिखाया था कि हर प्राणी में ईश्वर प्रकट होते हैं। मैंने हाथी को ईश्वर माना और उसके सामने से भागा, नहीं।' तब गुरु ने उससे कहा—'वत्स, यह ठीक है कि तुम्हारे सामने हाथी भगवान् प्रकट हुए थे। किन्तु क्या महावत् भगवान् ने तुम्हें प्राणरक्षा करने को नहीं कहा था? यह सत्य है कि प्रत्येक वस्तु में भगवान् बसते हैं पर यदि वह हाथी में बसते हैं तो अधिक नहीं तो उतने ही वह

महावत में भी बसते हैं। फिर बताओ उसकी चेतावनी की तुमने क्यों उपेक्षा की...'

और यह गुरु की युवा विवेकानन्द से एक मनोरंजक बातचीत का ब्यौरा है।

साँप—गुरु (मुस्कराकर)—तुम्हारी क्या राय है, नरेन्द्र? जो लोग संसार में रहते हैं वे बहुधा उन लोगों के बारे में बड़ी कठोर बातें कहते हैं जो कि सर्वथा भगवान् में रहते हैं। हाथी जब राजमार्ग पर जाता है तब उसके पीछे सर्वदा कुत्तों या दूसरे जानवरों की टोली भौंकती चीखती-चिल्लाती चलती है। लेकिन वह उनकी कोई परवाह नहीं करता और अपनी राह बढ़ा चला जाता है। अच्छा बेटा, मान लो कि लोग तुम्हारी पीठ पीछे तुम्हारी बुराई करें तो तुम क्या करोगे?

नरेन्द्र (विवेकानन्द)—मैं उन्हें पीछे भौंकने वाले गली के कुत्ते समझूँगा।

गुरु (हँसकर)—नहीं बेटा! ऐसा कभी न सोचना! स्मरण रखो सभी प्राणियों और वस्तुओं में भगवान् बसते हैं। इसलिए सभी हमारे आदर के पात्र हैं। हम लोगों से अपने व्यवहार में इतना ही कर सकते हैं कि भलों से मिलें और बुरों की संगत से बचते रहें। यह सत्य है कि भगवान् बाघ में भी है। पर इसका अर्थ यह नहीं है कि हम बाघ के गले में बाँहें डालकर उसे छाती से लगा लें। (शिष्यगण हँस पड़े।)

नरेन्द्र—तो क्या दुष्ट लोग अपमान करें तो भी चुप रहना होगा?

गुरु—एक खेत था जिसमें गड़रिये अपने रेवड़ चराया करते थे। उसी खेत में एक भयानक विषधर साँप भी रहता था। एक दिन एक महात्मा उधर से निकले। लड़के सब उसकी ओर दौड़े और बोले—'बाबा, उधर से न जाना। उधर विषधर साँप है।' महात्मा ने उत्तर दिया—'बच्चो, मैं तुम्हारे साँप से नहीं डरता। मैं ऐसे मंत्र जानता हूँ जो मेरी रक्षा करेंगे।' यह कहकर वह आगे बढ़ गये। साँप उन्हें देखकर फन उठाकर फुफकारता हुआ बढ़ने लगा। महात्मा ने एक मंत्र पढ़ा और साँप केंचुए-सा निस्सत्व होकर उनके पैरों में लोटने लगा। महात्मा ने कहा, 'तुम क्यों इस प्रकार दूसरों का अहित करते हो? मैं तुम्हें एक नाम जपने को देता हूँ उससे तुम भगवान् से प्रेम करना सीख जाओगे और अन्त में एक दिन भगवान् को देख सकोगे तब पाप करने की प्रवृत्ति तुममें नहीं रहेगी।' उन्होंने साँप के कान में वह नाम कह दिया। साँप ने विनत होकर पूछा, 'आत्मरक्षा के लिए मुझे क्या करना होगा?' महात्मा बोले, 'वही नाम जपो और किसी प्राणी का कोई अहित न करो। मैं फिर आऊँगा तो देखूँगा कि तुम क्या करते रहे हो।'' यह कहकर महात्मा चले गये।...दिन बीतते गये। लड़कों ने लक्ष्य किया कि साँप काटता नहीं। वे उसे पत्थर मारने लगे। वह शान्त रहा—केंचुए-सा निरीह। एक लड़के ने उसे पूँछ से उठा लिया और सिर के ऊपर से घुमाकर पत्थरों पर दे मारा। साँप के मुँह से रक्त बहने लगा। उसे मरा जानकर छोड़ दिया गया। रात को उसे होश आया। किसी तरह वह अपने टूटे हुए शरीर को घसीटता हुआ बिल तक ले गया। कुछ दिनों में वह पिंजर मात्र रह गया और भोजन ढूँढ़ने के लिए निकलने में भी उसे बड़ा कष्ट होने लगा। लड़कों के

डर से वह केवल रात को बाहर निकलता था। ब्राह्मण महात्मा से दीक्षा लेने के समय से उसने किसी का अहित नहीं किया था। जैसे तैसे पत्ते-फुनगी खाकर ही वह गुजारा करता था। महात्मा लौटे तो उन्होंने साँप को सब जगह ढूँढ़ा। लड़कों ने उनसे कहा कि साँप मर गया। महात्मा को बड़ा आश्चर्य हुआ, क्योंकि वह जानते थे कि जो नाम वह साँप को दे गये थे उसमें ऐसी शक्ति थी कि जब तक जीवन का रहस्य न मिल जाए अर्थात् जब तक भगवान् के दर्शन न हो जायें तब तक मृत्यु होना असम्भव था। उन्होंने खोज जारी रखी और साँप को नाम लेकर पुकारते रहे। अन्त में साँप बिल में से निकला। आकर उसने गुरु को प्रणाम किया। दोनों में बातचीत होने लगी।

महात्मा—'कहो कैसे रहे?'

साँप—'सब आपकी दया है। ईश्वर की कृपा से अच्छा हूँ।'

महात्मा—'ऐसा है तो यह हालत कैसे हो गयी—क्या हुआ तुम्हें? केवल ठठरी रह गयी है।'

साँप—'महाराज! आपकी आज्ञा मानकर मैंने यत्न किया कि किसी को क्षति न पहुँचाऊँगा। घास-पात खाकर जीता रहा हूँ। इसलिए सम्भव है कुछ दुबला हो गया हूँ।'

महात्मा—'नहीं, मेरे विचार में तो यह परिवर्तन केवल भोजन बदलने से नहीं है। कुछ और बात भी होगी। बताओ क्या है?'

साँप—'अरे हाँ शायद...हाँ वही बात रही होगी। एक दिन गड़रियों ने मेरे साथ बड़ा बुरा व्यवहार किया। उन्होंने मुझे पूँछ पकड़कर उठाया और बार-बार पत्थरों पर पटका। बिचारे लड़के—उन्हें क्या पता कि मुझमें क्या परिवर्तन आ गया है। वे कैसे जान सकते थे कि मैंने काटना छोड़ दिया है?'

महात्मा—'लेकिन यह तो पागलपन है। निरा पागलपन! तुम ऐसे मूर्ख हो कि अपने शत्रुओं को ऐसा दुर्व्यवहार करने से भी नहीं रोक सकते? मैंने तुम्हें इतना ही कहा था कि भगवान् के रचे प्राणियों को काटना मत। लेकिन तुम्हें जो मारने आये थे उन्हें डराने के लिए तुमने फुफकारा भी क्यों नहीं?'

यह कहकर रामकृष्ण विनोद-भरी आँखों से अपने शिष्यों की ओर देखते हुए बोले—

'इसलिए अपना फन उठाओ...पर काटो मत! जो समाज में रहता है, विशेषकर यदि नागरिक है या परिवार वाला है, उसे आत्मरक्षा के लिए बुराई के विरोध का दिखावा तो करना ही चाहिए। पर साथ ही यह भी ध्यान रखना चाहिए कि बुराई का बदला बुराई से न दें।'

प्रिय शिष्य नरेन

रामकृष्ण की ऊपर की बैठक के भारतीय शिष्यों में जो सभी अपनी श्रद्धा और अपने कृतित्व के कारण अनन्तर प्रसिद्ध हुए, एक असाधारण शिष्य था जिसके प्रति गुरु का व्यवहार भी असाधारण था। गुरु ने उसे पहले साक्षात्कार के समय ही—जब कि शिष्य ने उन्हें ठीक से पहचाना भी नहीं था—उसकी आध्यात्मिक नेतृत्व की प्रतिभा और भावी संभावनाओं के कारण चुन लिया था। वह शिष्य था नरेन्द्रनाथ दत्त जो अनन्तर विवेकानन्द के नाम से प्रख्यात हुआ।

गुरु ने जिस अपार्थिव दृष्टि से शिष्य का यह भविष्य देख लिया था उसका कुछ ब्यौरा लिया जा सकता है। निस्सन्देह उसे आजकल के मनोवैज्ञानिकों की भाँति साधारण ढंग से समझाने का प्रयत्न किया जा सकता है पर उसका कोई प्रयोजन नहीं है। हम जानते हैं कि ऐसी दृष्टि जो देखती है उसका स्वयं निर्माण भी करती है और उसे घटित कर देती है। एक गहरे अर्थ में भवितव्य के सन्देशवाहक वास्तव में स्वयं उस अनागत के निर्माता होते हैं जो प्रकट नहीं हुआ है, किन्तु अवतरण के छोर पर पंख तौल रहा है। जो धारा विवेकानन्द की असाधारण नियति को गढ़ रही थी वह धरती के पेट में ही समा गयी होती यदि रामकृष्ण की अचूक दृष्टि ने मानो अमोघ बाण की भाँति पथ-रोधक चट्टान को फोड़कर शिष्य की आत्मा के प्रवाह को मुक्त न कर दिया होता।

''एक दिन समाधि में मैंने पाया कि मेरा मन प्रकाश के पथ पर ऊँचा उड़ रहा है। तारा जगत् को पार करके वह शीघ्र ही विचारों के सूक्ष्मतर जगत् में प्रविष्ट हुआ तथा और ऊँचा उठने लगा। पक्ष के दोनों ओर मुझे देव-देवता के सूक्ष्म शरीर दीख पड़ने लगे। उस मंडल की भी सीमा पार करके मन वहाँ पहुँचा जहाँ प्रकाश की एक मर्यादा रेखा सापेक्ष्य अस्तित्व के क्षेत्र को निरपेक्ष्य से पृथक कर रही थी। उस रेखा का भी उल्लंघन करके मन कैवल्य के क्षेत्र में पहुँच गया जहाँ सरूप कुछ भी नहीं दीखता था। देवगण भी उस क्षेत्र तक जाने का साहस नहीं करते थे और नीचे अपने-अपने आसन से ही सन्तुष्ट थे। किन्तु क्षणभर बाद ही मैंने सात ऋषियों को समाधि लगाये बैठे देखा। मुझे ध्यान हुआ कि इन ऋषियों ने ज्ञान और पवित्रता में, त्याग और प्रेम में न केवल मानवों को वरन् देवों को भी पीछे छोड़ दिया होगा। मैं मुग्ध भाव से उनकी महत्ता का चिन्तन कर ही रहा था कि उस अरूप प्रकाश-क्षेत्र के एक अंश ने घनीभूत होकर एक दिव्य शिशु का रूप ग्रहण कर लिया। वह शिशु एक ऋषि के समीप आकर उनके गले में

लिपट कर मधुर स्वर में पुकारता हुआ समाधि से जगाने का प्रयत्न करने लगा। समाधि से जागकर ऋषि ने अपने अर्द्ध मीलित नेत्र शिशु पर स्थिर कर दिये। उनकी वात्सल्य भरी मुद्रा से स्पष्ट था कि शिशु उन्हें कितना प्रिय है। आनन्द-विभोर होकर शिशु ने कहा : मैं नीचे जा रहा हूँ। आप भी मेरे साथ चलें।' ऋषि ने उत्तर नहीं दिया पर उनकी वत्सल दृष्टि में स्वीकार का भाव था। शिशु की ओर देखते-देखते ही वह फिर समाधिस्थ हो गये। मुझे यह देखकर आश्चर्य हुआ कि उनका एक अंश एक प्रकाश-पुंज के रूप में धरती की ओर उतर रहा है। जब मैंने नरेन्द्र को देखा तब देखते ही पहचान लिया कि ऋषि का रूप वही है।''

उनकी परख सच्ची थी। उन्हें विश्व के प्रति प्रेम से भरे हुए अपने विशाल हृदय के अलावा एक बलिष्ठ देह, पृथ्वी को उलट सकने में समर्थ भुजा और उलाँघने से समर्थ टाँगों की भी आवश्यकता थी; सहकर्मियों के दल की ओर उन्हें अनुशासित करने वाले मस्तिष्क की भी। उनके ज्वलन्त विश्वास ने मिट्टी से सफलता की प्रतिमा गढ़ दी। यह केवल उनकी दूरदर्शिता और उनकी लगन की दृढ़ता का ही प्रमाण नहीं है बल्कि यह भी सिद्ध करता है कि बंगाल की भूमि उनके आह्वान के लिए तैयार थी और उसकी प्रतीक्षा कर रही थी। विवेकानन्द का इस 'शताब्दी' में अवतरण स्वयं प्रकृति के प्रसव से हुआ क्योंकि ठीक ऐसी ही प्रतिभा के जन्म की वेला प्रस्तुत हो गयी थी।

रामकृष्ण की परख की इसलिए भी प्रशंसा करनी चाहिए कि उन्होंने इस मनचले, उद्विग्न और हठीले युवक में—जैसे कि नरेन्द्र तब थे—तत्काल ही भावी नेता और अपना सन्देशवाहक पहचान लिया।

उनकी प्रारम्भिक भेंटों का विवरण पूरा देना ही उचित है। उससे पाठक भी उस आकर्षण का अनुमान कर सकेगा जो नरेन्द्र को भी मानो अपनी इच्छा के प्रतिकूल हुआ और जिसने उन्हें चुनने वाले गुरु के साथ उनको उनकी इच्छा न रहते भी बाँध दिया।

किन्तु पहले इस युवा प्रतिभा का उस समय का चित्र प्रस्तुत किया जाये जब उसने मानो एक उल्का-खंड की भाँति रामकृष्ण के सौरमंडल में प्रवेश किया और उसमें आत्मसात् कर लिया गया।

नरेन्द्र एक अभिजात क्षत्रिय कुल की सन्तान थे। उनके सारे जीवन पर क्षात्र-धर्म की छाप है। उनका जन्म कलकत्ता में १२ जनवरी, १८६३ को हुआ। उनकी माता राजोचित शालीनता सम्पन्न एक सुशिक्षित महिला थीं, जिनकी वीर आत्मा हिन्दू पुराणेतिहास के आदर्शों पर पली थी। उनके पिता का अशांति और दिखावे से भरा अठारहवीं शती के किसी अभिजात फ्रांसीसी जागीरदार का-सा जीवन उनकी स्वच्छन्द प्रवृत्ति का परिचायक था। उनकी विशाल मानवता के साथ मिलकर उनकी स्वयं अपनी शालीनता की चेतना ने उनमें जाति के प्रति एक अवज्ञा का भाव भर दिया था। पर नरेन्द्र के धनी और सुसंस्कृत पितामह पचीस वर्ष के वय में ही पत्नी-परिवार, धन-मर्यादा,

समाज सब कुछ छोड़कर वन को चले गये थे और संन्यासी हो गये थे और तब से उन्हें किसी ने न देखा था···

नरेन्द्र का शैशव और बाल्यकाल यूरोपीय पुनर्जागरण काल के कलाप्रेमी राजकुमार का-सा रहा। उनकी प्रतिभा बहुमुखी थी और सभी दिशाओं में उन्होंने उसका विकास किया। उनका रूप सिंह-शावक का-सा प्रभावशाली और मृग छौने-सा कोमल था। बलिष्ठ सुगठित शरीर कसरतों से और भी मँज गया था—कुश्ती, घोड़े की सवारी, तैरने और नाव खेने का उन्हें शौक था। युवकों के वह नेता और फैशन के नियन्ता थे। नृत्योत्सवों में वह कलापूर्ण नृत्य करते थे और उनका कंठ बड़ा सुरीला था, जिस पर अनन्तर रामकृष्ण भी मुग्ध हुए। उन्होंने चार-पाँच वर्ष तक हिन्दू और मुसलमान संगीताचार्यों के साथ गायन और संगीत का अभ्यास किया था। वह स्वयं गीत लिखते भी थे और उन्होंने भारतीय संगीत के दर्शन और विज्ञान पर सन्दर्भ ग्रन्थ भी प्रकाशित किया था। संगीत उनके लिए सदैव उस मन्दिर का द्वार था जिससे होकर ही परम तत्व की ओर बढ़ा जा सकता है। कालेज में उनकी प्रखर मेधा ने विज्ञान, ज्योतिष, गणित, दर्शन, भारतीय तथा यूरोपीय भाषाओं पर समान अधिकार करके सबको चकित कर दिया। उन्होंने संस्कृत और अंग्रेजी काव्य पढ़ा, ग्रीन और गिबन के इतिहास ग्रंथों का मनन किया, फ्रांसीसी क्रांति और नेपोलियन से वह प्रभावित हुए। अनेक भारतीय बालकों की भाँति उन्होंने बचपन से ही एकाग्र चिन्तन का अभ्यास किया। रात को वह वेदान्त और 'द इमिटेशन आफ क्राइस्ट' का अध्ययन किया करते। दार्शनिक विमर्श से उन्हें प्रेम था। चिन्तन, आलोचन, विवेचन की इस प्रवृत्ति के कारण ही अनन्तर उनका नाम विवेकानन्द पड़ा। उन्होंने सौंदर्य यूनानी (हेलेनिक) आदर्श का और भारतीय-जर्मन चिन्तन का समन्वय करने का प्रयत्न किया। पर उनके विश्ववाद के, जो जीवन के सभी रूपों पर आभ्यन्तर की सत्ता की प्रतिष्ठा में उन्हें लेयोनार्दो और आल्बर्ती के समकक्ष ले जाता था, शिखर पर एक धर्मवान् और परम पवित्र आत्मा का मुकुट भी शोभित था। इस सुन्दर स्वतन्त्र और तेजस्वी युवक को संसार के सब सुख उपलभ्य थे पर उसने स्वयं अपने पर कड़ा अनुशासन रखा था। बिना किसी सम्प्रदाय से बँधे अथवा पद्धति को अपनाये भी उसे अनुभव हो रहा था कि शरीर और मन की पवित्रता एक आध्यात्मिक शक्ति है जिसकी आग जीवन के प्रत्येक अंग में बस सकती है, किन्तु थोड़े से दूषण से बुझ भी जाती है। इस अनुभव के गम्भीरतर कारण का उल्लेख अन्यत्र किया जायेगा। साथ ही नरेन्द्र पर उसकी भव्य नियति की छाया भी थी। उसकी दिशा को ठीक-ठीक न पहचानते हुए भी नरेन्द्र में उसके योग्य होने की और उसे निष्पन्न करने की लालसा थी।

इन विविध प्रतिभाओं और परस्पर विरोधी प्रेरणाओं के कारण नरेन्द्र को कई वर्ष उत्कट आध्यात्मिक संघर्ष में बिताने पड़े, इससे पूर्व कि उसका स्वभाव स्थिर हो जाये। सत्रह वर्ष से इक्कीस वर्ष तक वय में (सन् १८८० से १८८४ के अन्त तक) उन्हें क्रमशः उग्रतर होते हुए कई बौद्धिक संकटों का सामना करना पड़ा, जब तक कि एक धार्मिक

आस्था ने उनका निराकरण नहीं कर दिया।

सबसे पहले उन्हें स्टुअर्ट मिल के 'एसेज आन रेलिजन' ने विचलित किया। इस पुस्तक ने उनकी उस सतही आशावादी आस्तिकता को जीर्ण कर दिया, जिसकी तत्कालीन ब्राह्मसमाजी क्षेत्रों में हवा चली हुई थी। प्रकृति में असत् का चेहरा उनके सम्मुख प्रकट हुआ और उनमें उसके प्रति विद्रोह जागृत हुआ। उन्होंने हर्बर्ट स्पेंसर के सिद्धान्तों को अपनाने का व्यर्थ प्रयत्न किया और स्पेंसर से पत्र व्यवहार भी किया। अपने कालेज के वयस्कतर विद्यार्थियों से और विशेषतया ब्रजेन्द्रनाथ शील से उन्होंने परामर्श किया। उन्हें अपनी शंकाओं की बात बता कर उनसे अनुरोध किया कि सत्य के शोध में मार्ग-निर्देश करें। शील के कहने पर ही उन्होंने शेली का काव्य पढ़ा। कवि के सर्वेश्वरवाद की लहरों में उनकी व्याकुल आत्मा निमज्जन किया। फिर इस युवा गुरु ने प्रयत्न किया कि नरेन्द्र को अपने विशिष्ट देवता—परब्रह्म—का अनुयायी बना ले। ब्रजेन्द्रनाथ की परब्रह्म की कल्पना उनकी अपनी थी : उनका बुद्धिवाद वेदांत के अद्वैत हेगेलीय द्वन्द्ववाद के परम चित्त (एब्सोल्यूट आइडिया) और फ्रांसीसी क्रांति के त्रितत्व—स्वाधीनता, समता, बन्धुता—का एक विचित्र मिश्रण था। वह मानते थे कि व्यक्तिवाद का सिद्धान्त ही 'असत्' है और विश्वव्यापी बुद्धि ही 'सत्'। इससे निष्कर्ष निकलता था कि इस शुद्ध बुद्धि को कभी प्रकट होना चाहिए, यही आधुनिक काल की महान् समस्या थी, जिसे ब्रजेन्द्रनाथ क्रान्ति द्वारा सुलझाना चाहते थे। नरेन्द्र के प्रभुत्वशील स्वभाव के कुछ पक्ष उनके क्रान्तिकारी बुद्धिवाद से विशेष आकृष्ट होते। किन्तु उनका तूफानी व्यक्तित्व इस छोटी सीमा में बँध जाने वाला न था। उनकी बुद्धि तो चाहती थी कि विश्वव्यापी बुद्धि की सर्वोपरि सत्ता को स्वीकार करे (और स्वीकार कराये) और व्यक्तिवाद के खंडन पर ही नैतिकता की नींव स्थापित करे, पर उनका जीवन इसे ग्रहण न कर पाता था। वह संसार के सौन्दर्य और उसकी वासना से मदोन्मत्त था। उसे इससे वंचित करने का यत्न मानो किसी शिकारी जन्तु को शाकाहारी बना रखना था। इन प्रयत्नों से उनकी मानसिक यातना और उदासी दुगुनी हो गयी। एक व्यापक बुद्धि एक रक्तहीन ईश्वर के सहारे जीने का उपदेश उनके लिए एक तीखा व्यंग्य था। एक सच्चे हिन्दू के नाते, जिसके लिए जीवन सत्य का निचोड़ नहीं तो कम से कम पहला गुण अवश्य है, परम सत्ता के सप्राण अवतरण के प्रमाण की अत्यन्त आवश्यकता थी—ऐसे एक गुरु की, जो उन्हें कह सके : 'मैंने उसे देखा है। मैंने उसे छुआ है। मैं उससे एकात्मक हुआ हूँ।' पर उनके हृदय और भावना की इस माँग के विरुद्ध उनकी यूरोपीय विचारों पर पली हुई और पिता से पायी हुई आलोचना-वृत्ति वाली बुद्धि विद्रोह करती थी जैसा कि रामकृष्ण के प्रति उनकी पहली प्रतिक्रिया से स्पष्ट है।

उस समय अन्य सभी युवा बंगाली बौद्धिकों की भाँति वह भी केशवचन्द्र सेन के शुभ्र प्रकाश की ओर आकृष्ट थे। केशव की प्रतिभा उस समय अपने शिखर पर थी और नरेन्द्र को उनसे ईर्ष्या भी होती थी—वह स्वयं केशवचन्द्र होना चाह सकते थे। वह

स्वभावतया नये सम्प्रदाय से सहानुभूति रखते थे और उसमें सम्मिलित भी हो गये। नव्य ब्राह्म समाज के सदस्यों में उनका नाम लिखा गया। अनन्तर रामकृष्ण मिशन का दावा रहा है कि उस समय भी वह इस समाज की आमूल सुधार की प्रवृत्ति से सम्पूर्ण सहमत न रहे होंगे क्योंकि यह प्रवृत्ति सनातन हिन्दू धर्म की उच्चतम मान्यताओं के भी प्रतिकूल थी। पर मैं मिशन के विचार से सहमत नहीं हूँ। युवा नरेन्द्र के मनचले स्वभाव को आमूल उच्छेदन में अवश्य ही रुचि रही होगी और अपने नये साथियों की प्रतिमा-भंजक प्रवृत्ति उन्हें खली न होगी। यह केवल बाद की बात है और बहुत दूर तक रामकृष्ण के प्रभाव का परिणाम था कि नरेन्द्र पुराने पड़ गये विश्वासों और प्रथाओं का भी सम्मान करने लगे—यदि उन्हें लम्बी परम्परा का अनुमोदन प्राप्त हो और वे देश की आत्मा में गहरी बस गयी हों। किन्तु मेरी धारणा है कि यह परिवर्तन बिना संघर्ष के नहीं आया और रामकृष्ण के प्रति बौद्धिक अविश्वास की पहली प्रतिक्रिया की जड़ में यह विरोध ही रहा। जो हो उस समय तो वह बंगाल के युवा ब्राह्म आन्दोलन में सम्मिलित हो गये जिसका उद्देश्य था बिना जाति-धर्म के भेद-भाव के भारतीय जनता की शिक्षा और एकता। इन युवा ब्राह्म सुधारकों में कुछ ईसाई मिशनरियों से भी अधिक कटुता के साथ सनातन हिन्दू धर्म पर आघात करते थे। किन्तु नरेन्द्र की स्वतन्त्र और सप्राण बुद्धि ने शीघ्र ही पहचान लिया कि ऐसे आलोचकों की निर्बुद्धि संकीर्णता स्वयं एक मदान्धता से दूषित है और वह न केवल उसके राष्ट्रीय अभियान वरन् उनकी आत्मा के लिए भी कष्टकर होगी। अधपचे पश्चिमी विज्ञान के सम्मुख भारतीय ज्ञान को पदच्युत करने के पक्ष में वह नहीं हो सकते थे। उनकी यह पहचान सुधारवादी मत के लिए घातक थी। नरेन्द्र फिर भी ब्राह्म समाज की सभाओं में जाते रहे पर भीतर ही भीतर उन्हें शान्ति न थी।

अब उन्होंने एक तपस्वी का जीवन अपनाया। एक सीलन-भरे अँधेरे कमरे में फ़र्श पर गद्दा डालकर चारों ओर किताबें बिछाये वह दिन-रात अध्ययन और चिन्तन में बिताने लगे। वहीं फ़र्श पर ही वह अपने लिए चाय भी बना लेते। उनके सिर में दारुण पीड़ा रहने लगी किन्तु अपने स्वभाव की विरोधी प्रवृत्तियों का कोई सन्तुलन वह फिर भी न पा सके, यहाँ तक कि उनकी नींद भी उस आन्तरिक संघर्ष से आक्रान्त हो गयी।

उन्होंने स्वयं लिखा है : "यौवन से ही रोज रात को सोते ही दो स्वप्न मेरे सामने रूप लेकर खड़े हो जाते। एक में मैं अपने को पृथ्वी के प्रभुओं में देखता—धन, मान, सत्ता, कीर्ति से सम्पन्न और मुझे लगता कि यह सब कुछ प्राप्त करने की योग्यता मुझमें है। पर दूसरे ही क्षण मैं देखता कि मैंने सभी भौतिक सम्पदा का त्याग कर दिया है और एक लँगोटी मात्र धारण किये पेड़ के नीचे आसन जमा भिक्षा-वृत्ति पर जी रहा हूँ और मुझे लगता कि इस ढंग से जीवनयापन करने की योग्यता भी मुझमें है, जैसा कि प्राचीन काल के ऋषि करते थे। इन दोनों चित्रों में से दूसरा ऊपर आ जाता और मैं अनुमान करता कि केवल इसी के द्वारा मनुष्य परमानन्द का लाभ कर सकता है···उस परम आनन्द का

पूर्वास्वादन करता हुआ मैं गहरी नींद सो जाता।···अगली रात फिर इसी की आवृत्ति होती···।''

जिस समय वह उस गुरु से मिलने गये, जो उनके शेष जीवन का निर्देशन करने वाला था, उस समय यही उनकी दशा थी। उस महानगरी में; जिसमें भारत और यूरोप मिलते हैं, वह सभी महान् धार्मिक व्यक्तियों के पास हो आये थे, पर असन्तुष्ट लौटे थे। उनकी खोज असफल रही थी, जो कुछ उन्हें मिला था, उन्होंने चखकर छोड़ दिया था। वह भटक रहे थे···

उनकी आयु अट्ठारह वर्ष की थी जब वह विश्वविद्यालय की अपनी पहली परीक्षा की तैयारी कर रहे थे। नवम्बर १८८० में एक धनिक मित्र सुरेन्द्रनाथ मित्र, जो 'भारतीय क्राइस्ट' रामकृष्ण के अनुयायी हो गये थे, के घर में एक छोटे से उत्सव में नरेन्द्र ने एक सुन्दर धार्मिक पद गाया। यहीं रामकृष्ण की तीव्र दृष्टि ने उन्हें देखा, उनकी आत्मा की गहराई में बैठकर उसकी अतृप्ति पहचानी और उन्हें अपना लिया। उन्होंने नरेन्द्र को दक्षिणेश्वर आकर भेंट करने के लिए कहा।

युवक जब वहाँ पहुँचा तो उसके साथ अविचारी और छिछले स्वभाव के बन्धुओं की टोली भी थी। भीतर आकर वह बैठ गया। आस-पास की चीजों की ओर मानों उसका ध्यान नहीं था। ऐसा जान पड़ता था कि वह न कुछ सुनता है न देखता है, केवल अपने विचारों में खोया है। रामकृष्ण ने, जो नरेन्द्र को एकटक देख रहे थे, उन्हें कुछ गाने को कहा। नरेन्द्र ने आदेश का पालन किया। उस गान में कुछ ऐसी करुणा थी कि गुरु, जो नरेन्द्र की भाँति ही संगीत के प्रेमी थे, सुनते हुए समाधिस्थ हो गये। आगे नरेन्द्र का ही वर्णन देखिए :

''मैं गा चुका तो वह एकाएक उठे और हाथ पकड़कर मुझे उत्तरी बरामदे में ले जाकर उन्होंने पीछे द्वार बन्द कर दिया। हम लोग अकेले रह गये। हमें कोई देख भी न सकता था। मुझे बड़ा आश्चर्य हुआ जब वह आनन्द-विभोर होकर रोने लगे। मेरा हाथ पकड़कर उन्होंने बड़े वात्सल्य भाव से मुझे सम्बोधन किया मानो मुझे बहुत दिनों से जानते हों। बोले, 'अरे तुम बड़ी देर करके आये हो! निर्दयी, तुमने मुझे इतनी प्रतीक्षा क्यों करायी? मेरे कान दूसरों के व्यर्थ शब्द सुनते-सुनते थक गये हैं। हाय मैं कितना तरसता रहा हूँ इसके लिए कि अपनी आत्मा की भीतरी अनुभूतियों को किसी योग्य पात्र को सौंप सकूँ।'···थोड़ी देर वह यों रोते रहे। फिर मेरे सामने हाथ जोड़कर बोले, 'प्रभु, मैं पहचानता हूँ आप ही पुराणों के ऋषि नर हो नारायण के अवतार, जो मानव मात्र का दुःख निवारने के लिए पृथ्वी पर प्रकट हो।' मैं दंग रह गया। सोचने लगा, 'मैं क्या देखने आया था यहाँ? इस आदमी को तो बेड़ियाँ डाल देनी चाहिए। मैं—विश्वनाथ दत्त का पुत्र—मुझसे ऐसी बातें करने का साहस इसे कैसे हुआ?'···पर बाहर से अविचलित रहकर मैंने उन्हें बोलते जाने दिया। उन्होंने फिर मेरा हाथ पकड़कर कहा, 'मुझे वचन

दो कि तुम मुझसे मिलने फिर अकेले आओगे और शीघ्र!…'

नरेन ने अपनी अद्भुत स्थिति से छुटकारा पाने के लिए वचन तो दे दिया पर मन ही मन दुबारा कभी न आने का प्रण कर लिया। दोनों बैठक में लौट आये, जहाँ दूसरे साथी बैठे थे। नरेन अलग हटकर बैठ गये और अपने अतिदेव का पर्यवेक्षण करने लगे। उन्हें बातों में, रंग-ढंग में, कहीं कुछ असाधारण नहीं दिखा सिवा एक आन्तरिक तर्क-संगति के जो सम्पूर्ण आत्म-समर्पण और गहरी निष्ठा भरे आभ्यन्तर जीवन का फल जान पड़ती थी। उन्होंने रामकृष्ण को कहते सुना (और ये शब्द उनकी अपनी प्रति रात्रीय जिज्ञासा के उत्तर थे) : "भगवान् को पाया जा सकता है—ठीक जैसे मैं तुम्हें देख रहा हूँ और तुमसे बात कर रहा हूँ। पर इसके लिए परिश्रम कौन करना चाहता है? लोग स्त्री के लिए, सन्तान के लिए या सम्पत्ति के लिए रोते हैं। पर भगवत्प्रेम के कारण कौन रोता है? पर अगर कोई सच्चे हृदय से भगवान् के लिए रोये तो वह अवश्य भगवान् को प्रत्यक्ष पा सकेगा।"

और यह प्रकट था कि वक्ता के लिए ये शब्द निरे शब्द नहीं हैं वरन् उनका सत्य वह अनुभव से प्रमाणित कर चुका है। नरेन अपनी आँखों के सामने खड़ी सरल सौम्य मूर्ति का मेल किसी तरह उस दृश्य से नहीं बैठा पा रहे थे जो कुछ क्षण पहले उन्होंने देखा था। उन्होंने मन ही मन कहा : "यह व्यक्ति पागल तो है पर महत्ता से शून्य नहीं है। पागल है तो भी श्रद्धा का पात्र है।" दक्षिणेश्वर से वह बड़े किंकर्तव्यविमूढ़ होकर लौटे। उस समय किसी ने उनसे पूछा होता कि रामकृष्ण से उनका सम्बन्ध कैसा रहेगा तो निस्सन्देह उन्होंने यही उत्तर दिया होता कि उसमें कोई परिवर्तन नहीं होगा।

पर उस अपूर्व दृश्य का प्रभाव उन पर पड़ता रहा।

एक महीने बाद वह पैदल दक्षिणेश्वर लौट आये।

"मैंने उन्हें अकेले अपनी खाट पर बैठे पाया। मुझे देखकर वह प्रसन्न हुए और उन्होंने स्नेह से मुझे अपने पास खाट के एक सिरे पर बैठने को बुलाया। लेकिन क्षण ही भर बाद मैंने उन्हें किसी भावावेश में पाया। उनकी आँखें मुझ पर टिकी थीं और वह धीरे-धीरे कुछ गुनगुनाते हुए मेरे समीप आ रहे थे। मैंने समझा कि पिछली बार की भाँति कोई बेतुकी बात कहने वाले हैं। किन्तु उन्हें टोकूँ इससे पहले ही उन्होंने अपना दायाँ पैर मेरे शरीर पर रख दिया। वह स्पर्श अद्भुत था। आँखें खुली रहते भी मैंने देखा कि सारा कमरा चक्कर खाकर शून्य में विलय हो गया है।…सारा संसार और मेरा अपना व्यक्तित्व भी एक साथ ही एक सर्वग्राही नामहीन शून्य में खो गये। मैं भयभीत हो गया। मुझे लगा कि मृत्यु मेरे सामने खड़ी है। मैं पुकार उठा, "यह आप क्या कर रहे हैं? मेरे माँ-बाप हैं—" तब वह हँसने लगे और मेरी छाती पर हाथ रख कर बोले, "अच्छा अभी यहीं तक रहने दो। समय होने पर सब अपने-आप आ जायेगा। उनके ऐसा कहते ही वह अद्भुत दृश्य मिट गया और भीतर-बाहर सारी स्थिति पूर्ववत् हो गयी।"

मैंने यह वृत्तान्त ज्यों का त्यों बिना व्यर्थ टिप्पणी के दे दिया है। पश्चिमी पाठक चाहे जो सोचें, यह तो वह लक्ष्य करेगा ही कि इन भारतीय आत्माओं में स्वप्नावेश की असाधारण शक्ति थी, जिससे शेक्सपियर के आविष्ट स्वप्न-द्रष्टाओं का स्मरण हो आता है। किन्तु यह भी ध्यान देना होगा कि यहाँ का स्वप्नदर्शी कोई दुर्बल सहज-विश्वासी विवेक-बुद्धि-विहीन व्यक्ति नहीं था। बल्कि उसने अपने स्वप्न के विरुद्ध विद्रोह भी किया। नरेन का प्रबल व्यक्तित्व स्वप्नावेश में होने वाले किसी प्रभाव की आशंका से सतर्क था। उन्होंने अपने-आप से यह भी पूछा कि वह कहीं किसी प्रकार के मेस्मरिज्म के शिकार तो नहीं हो रहे हैं? पर इसके कोई लक्षण नहीं थे। जिस आँधी की चपेट में वह सहसा आ गये थे उससे काँपते हुए भी वह अत्यन्त सतर्क बने रहे। पर उस एक धक्के के बाद भेंट अत्यन्त साधारण रही। रामकृष्ण का सहज वात्सल्य और आत्मीयता ऐसी थी मानो कुछ भी असाधारण नहीं घटित हुआ है।

कदाचित् एक सप्ताह बाद तीसरी भेंट के समय नरेन अत्यन्त सतर्क होकर अपनी सभी आलोचक शक्तियों को अत्यन्त सजग रखते हुए गये थे। उस दिन रामकृष्ण उन्हें पास के एक बगीचे में ले गये। थोड़ी देर टहलने के पश्चात् दोनों एक कुंछ में बैठ गये। नरेन के देखते-देखते रामकृष्ण फिर शीघ्र ही समाधिस्थ हो गये। समाधि की अवस्था में ही उन्होंने एकाएक नरेन को स्पर्श किया। नरेन तत्काल मानो असंज्ञ हो गये। थोड़ी देर बाद जब उन्हें चेत हुआ तो रामकृष्ण उनकी छाती सहलाते हुए उनकी ओर देख रहे थे।

अनन्तर रामकृष्ण ने अपने शिष्यों को बताया था : ''उस अवस्था में मैंने उससे कई प्रश्न पूछे। उसका पूर्ववृत्त और कुल-शील पूछा। इस संसार में उसकी नियति और उसकी ऐहिक आयु के बारे में पूछा। उसने अपने भीतर उतरकर मेरे प्रश्नों का ठीक-ठीक उत्तर दिया। इससे जो मैंने देखा था या अनुमान लगाया था उसकी पुष्टि ही हुई। ये सब गोपन बातें हैं पर मैंने जान लिया कि वह पहले एक ऋषि था जिसने सिद्धि प्राप्त कर ली थी और जिस दिन उसे अपना सच्चा स्वभाव ज्ञात हो जायेगा उस दिन वह स्वेच्छा से यह शरीर छोड़ देगा···।''

किन्तु उस समय रामकृष्ण ने नरेन को यह सब कुछ नहीं बताया यद्यपि उनका व्यवहार इस विशिष्ट जानकारी के अनुरूप ही रहा और नरेन को शिष्यों में एक विशिष्ट स्थान प्राप्त हुआ।

किन्तु अभी तक नरेन ने शिष्यत्व स्वीकार नहीं किया था। वह किसी के भी शिष्य नहीं होना चाहते थे। रामकृष्ण की चामत्कारिक्र शक्ति से वह प्रभावित थे, उसके प्रति वैसे ही आकृष्ट थे जैसे चुम्बक के प्रति लोहा, किन्तु वह स्वयं भी काफी कठिन धातु के बने थे। उनकी तर्क-बुद्धि हार मानने कों तैयार न थी। बुद्धिवादी ब्रजेन्द्र शील से अपने परिचय में सदैव उनका हृदय उनकी बुद्धि के प्रति विद्रोह करता रहता था। यहाँ उनकी बुद्धि उनके हृदय को सन्देह की दृष्टि से देख रही थी। उनका दृढ़ निश्चय था कि

अपनी स्वाधीनता बनाये रखेंगे और गुरु से ऐसा कुछ नहीं ग्रहण करेंगे जिस पर उनकी अपनी बुद्धि कड़ा नियन्त्रण न रख सके। दूसरों की निर्बुद्धि विश्वासी श्रद्धा की वह अवहेलना करते थे।

प्रौढ़ गुरु और युवक में एक विचित्र सम्बन्ध स्थापित हो गया। नरेन को हर प्रकार की भावुक श्रद्धा से—यथा आँसुओं से या ऐसी किसी भी बात से जिसमें स्त्रैण भाव झलकता हो—बड़ी चिढ़ थी। उनकी प्रश्न-बुद्धि किसी चीज को नहीं छोड़ती थी। वह अपने विवेक को कभी क्षण-भर भी छुट्टी न देते थे। अकेले रामकृष्ण के प्रत्येक शब्द को कसौटी पर कसते थे, शंका करते थे। रामकृष्ण इससे विरक्त नहीं होते थे, बल्कि उनका स्नेह और भी बढ़ रहा था। नरेन से परिचय होने से पहले उन्हें कई बार कहते सुना गया था, "ओ माँ मेरे पास किसी ऐसे को भेज जो मेरी उपलब्धियों पर शंका करे।"

माँ ने उनकी प्रार्थना सुन ली। नरेन हिन्दू देवताओं का भी खंडन करते थे पर साथ ही अद्वैतवाद का भी खंडन करते थे, क्योंकि उसे वह नास्तिकता समझते थे। हिन्दू शास्त्रों के विधानों का वह खुला तिरस्कार करते थे। उन्होंने रामकृष्ण से कहा, "आपको लाखों व्यक्ति भगवान् कहें तो कहें, मैं तो जब तक स्वयं इसका प्रमाण न पाऊँगा, नहीं कहूँगा।"

रामकृष्ण ने हँसकर इसका अनुमोदन किया और अपने अन्य शिष्यों से कहा, "किसी की बात को इसलिए नहीं ग्रहण करो कि मैंने वह कही है। स्वयं परीक्षा करके देखो।"

नरेन की तीखी आलोचना और उनके प्रबल तर्कों से रामकृष्ण को बड़ी प्रसन्नता होती। उनकी प्रखर मेधा और अथक जिज्ञासा का वह बड़ा सम्मान करते थे। उनकी राय में वह शिव की शक्ति का ही रूप था, जो अन्त में माया को काटकर दूर कर देगी। वह कहा करते, "देखो-देखो कैसी तीक्ष्ण प्रतिभा है। यह तो धकती आग है जो सब खोट जला डालेगी। महामाया भी इसके दस कदम से अधिक निकट नहीं आ सकती! उसी की दी हुई प्रभा उसे दूर रखती है।"

और नरेन की व्यापक जानकारी से वह इतने प्रसन्न होते थे कि कभी-कभी समाधि में चले जाते थे।

किन्तु ऐसे भी अवसर आते थे जब नरेन की तीखी आलोचना की हृदयहीनता से वह मर्माहत हो जाते थे। नरेन ने एक बार उनसे सीधे पूछा, 'आप कैसे जानते हैं कि आपकी सारी उपलब्धियाँ निरी मरीचिका नहीं हैं, केवल एक रोगी मस्तिष्क की उपज नहीं हैं?"

आहत होकर गुरु हट जाते और माँ की शरण जाते। माँ उन्हें आश्वासन देतीं, "धैर्य रखो, शीघ्र ही नरेन की आँखें खुल जावेंगी।"

कभी-कभी जब नरेन और दूसरे शिष्यों के अन्तहीन विवादों से वह क्लान्त हो उठते तो प्रार्थना करते, ''माँ, नरेन को अपनी माया का दान दो।'' अर्थात् जिससे नरेन की बुद्धि के ताप का कुछ शमन हो और उनका हृदय ईश्वर का स्पर्श पा सके।

किन्तु विवेकानन्द की त्रस्त आत्मा की पुकार थी : ''मुझे ईश्वर नहीं चाहिए। मुझे केवल शान्ति चाहिए—अर्थात् परम सत्य, परम ज्ञान, परम कैवल्य!''

वह यह नहीं देखते थे कि ऐसी कामना ही बुद्धि की मर्यादा से परे चली जाती है और हृदय के प्रगल्भ बुद्धि-विरोध को प्रकट करती है। ईश्वर के अस्तित्व के प्रभाव से उनकी बुद्धि सन्तुष्ट नहीं होती थी। उनका परम्परागत भारतीय आग्रह था कि ''ईश्वर यदि सचमुच है तो उसे पा सकना भी सम्भव है।''

किन्तु धीरे-धीरे वह पहचानने लगे कि समाधि लगाने वाला यह व्यक्ति, जो पहले सर्वथा हृदय की प्रेरणाओं से चालित जान पड़ता था, वास्तव में बुद्धि के क्षेत्र में नरेन की अपेक्षा कहीं अधिक कुशल और समर्थ था। अनन्तर नरेन ने रामकृष्ण के विषय में कहा भी था, ''बाहर से वह सम्पूर्ण भक्त थे पर भीतर से सम्पूर्ण ज्ञानी···मैं इसका ठीक उलटा हूँ।''

किन्तु इस स्थिति तक पहुँचने और स्वेच्छा से अपनी गर्वीली स्वाधीनता अपने गुरु को सौंप देने से पहले वह रामकृष्ण की ओर खिंचते भी थे और उनसे दूर भी हटते थे। दोनों के बीच यह आकर्षण और विकर्षण की उभयमुखी क्रीड़ा हो रही थी। नरेन की निर्मम स्पष्टभाषिता, जिस चीज पर उन्हें आस्था न हो उसकी सम्पूर्ण अवज्ञा, पाखंड के प्रति कठोर विरोध और दूसरों के मतामत के प्रति उपेक्षा के कारण उन्हें शत्रुता और निन्दा सहनी पड़ी पर इसकी उन्हें परवाह न थी।

रामकृष्ण अपने सामने ऐसी कोई बात न होने देते थे, क्योंकि उन्हें नरेन का पूरा भरोसा था। वह कहा करते थे कि यह युवक बिल्कुल खरा सोना है, जिसे इस संसार का कोई दूषण मैला नहीं कर सकेगा। उन्हें चिन्ता थी तो केवल एक कि ऐसी उत्तम प्रतिभा कहीं भटक न जाये कि उनके भीतर कसमसाती हुई अनेक शक्तियों का दुरुपयोग न हो जाये यथा वे कहीं एकता के कार्य के प्रति समर्पित होने की बजाय एक नया सम्प्रदाय या नया दल संगठित करने में न लग जावें। नरेन के प्रति उन्हें उत्कट स्नेह था पर नरेन के कभी अधिक समय तक दूर रहने पर वह स्नेह जिस प्रकार की चिन्ता या उत्कण्ठा में प्रकट होता था उससे नरेन को खीझ भी होती थी और संकोच भी। रामकृष्ण को स्वयं भी उस पर ग्लानि होती फिर भी वह विवश हो जाते थे। उनके द्वारा की गयी अत्यधिक प्रशंसा जैसे केशवचन्द्र सेन के सर्व-विदित और स्वीकृत गौरव को अज्ञात नरेन के, जिसने अभी कुछ भी करके नहीं दिखाया था, लाभ से हीन बताना—नरेन को बहुत खलती थी। एक बार वह नरेन की खोज में कलकत्ते की गलियों में भटकते रहे और यहाँ तक कि साधारण ब्राह्म समाज के मन्दिर में भी चले गये, ज़हाँ उपासना के बीच में उनका

अप्रत्याशित प्रवेश बड़ी सनसनी और कटु चर्चा का विषय बना। नरेन ने एक साथ ही द्रवित भी और विरक्त भी होकर बड़ी रुखाई से उन्हें ऐसे पीछा करने पर टोका। उन्होंने कहा कि किसी को भी किसी दूसरे व्यक्ति के मोह में नहीं पड़ना चाहिए और रामकृष्ण का अत्यधिक स्नेह उन्हें महत्ता के पद से नीचे घसीट कर साधारण स्तर पर ले आवेगा। सरल शुद्धचित्त रामकृष्ण ने भीत भाव से उनकी बातें सुनीं और फिर माँ का आदेश लेने चले गये। किन्तु वहाँ से वह आश्वस्त लौटे!

"दुर अभागे!" उन्होंने नरेन से कहा, "तेरी बात मैं सुनूँगा। माँ ने मुझे बताया है कि मैं तुझसे इसलिए स्नेह करता हूँ कि तुझमें मैं भगवान् को देखता हूँ। कभी ऐसा दिन आयेगा कि मुझे तुझमें भगवान् नहीं दिखेंगे तो मुझे तेरी सूरत असह्य हो जायेगी।"

शीघ्र ही परिस्थिति बदल गयी। एक समय ऐसा आया कि नरेन की उपस्थिति के प्रति रामकृष्ण सर्वथा उदासीन रहने लगे : वह मानो उन्हें देखते ही नहीं और अन्य शिष्यों के प्रति ध्यान दिये रहते। ऐसा कई सप्ताह तक होता रहा। फिर भी नरेन धैर्य धरकर आते ही रहे। रामकृष्ण ने जब पूछा कि बिना बात किये जाने पर भी वह क्यों आते हैं तो नरेन ने उत्तर दिया, "यह नहीं है कि मैं केवल आपकी बातों के प्रति आकृष्ट हूँ। मुझे आप प्रिय हैं और मुझे आपको देखने की आवश्यकता होती है।"

धीरे-धीरे गुरु की आत्मा ने विद्रोही शिष्य को वश में कर लिया। शिष्य रामकृष्ण के विश्वासों का—विशेषतया उसके दोनों सीमान्तों का—मूर्ति-पूजा का और अद्वैत में अखंड विश्वास का—तिरस्कार करता ही रहा पर आस्था धीरे-धीरे उन पर असर करती गयी।

रामकृष्ण ने पूछा, "तुम माँ को स्वीकार करना नहीं चाहते तो यहाँ क्यों आते हो?"

"क्यों, मैं आऊँ तो माँ को मनाना अनिवार्य है?"

"कुछ दिनों बाद ही तुम न केवल मानोगे वरन् माँ का नाम सुनते ही रोने लगोगे।" रामकृष्ण ने उत्तर दिया।

रामकृष्ण ने जब नरेन के लिए अद्वैत वेदान्त का द्वार खोल देना चाहा तब भी ऐसी ही प्रतिक्रिया हुई। नरेन ने इसे पागलपन और नास्तिकता घोषित किया! अद्वैत की हँसी उड़ाने का कोई अवसर वह न छोड़ता। एक दिन नरेन और एक अन्य शिष्य इसी प्रकार अद्वैत मत की ठट्ठा करते हुए जोर-जोर से हँस रहे थे : "यह लोटा ईश्वर है। और ये मक्खियाँ, ये भी ईश्वर हैं।···" साथ के कमरे में रामकृष्ण ने यह बच्चों की-सी हँसी सुनी। अर्द्ध-चेतना की-सी अवस्था में यह चुपचाप कमरे में आ गये और उन्होंने नरेन को स्पर्श किया। फिर एक आँधी-सी नरेन को बहा ले गयी और सब कुछ उनकी दृष्टि में बदल गया। उन्होंने चकित होकर देखा कि ईश्वर के सिवा कहीं कुछ नहीं है। वह घर लौट गये। वहाँ भी वह जो कुछ देखते, छूते, खाते, सब ईश्वर जान पड़ता···इस विश्वव्यापी सत्ता सें मुक्त होकर उन्होंने कुछ भी करना छोड़ दिया। उनके माता-पिता ने

समझा कि वह अस्वस्थ हो गये हैं और उन्हें चिन्ता होने लगी। वह कई दिन तक इसी अवस्था में रहे। फिर वह आवेश विलीन हो गया। पर उसकी स्मृति बनी रही और नरेन को अद्वैतावस्था का मानो पूर्वास्वाद देती रही। उन्होंने फिर कभी उसका खंडन नहीं किया।

फिर मानो वह रहस्य की कई आँधियों में से गुजरते रहे। पागलों की भाँति वह 'शिव! शिव!' पुकार उठते। रामकृष्ण सहानुभूतिपूर्वक देखते रहते। ''हाँ, मैं भी बारह वर्ष ऐसी ही अवस्था में रहा।''

किन्तु नरेन का सिंह-स्वभाव, जो बड़ी-बड़ी छलाँगों में अविश्वास और खंडन से अन्तरालोक की ओर बढ़ रहा था, कदाचित् स्थायी रूप से परिवर्तित न होता यदि प्रभाव केवल बाहर से आते और आत्मा की अयोध्या पर भीतर से ही आक्रमण न होता। शोक के निर्मल कोड़े ने संदेह और गर्वीली बुद्धिवादिता की सुख-शय्या से खदेड़कर उठा दिया और संसार के दुख की दारुण समस्या के सामने खड़ा कर दिया¨!

सन् १८८४ के आरम्भ में एकाएक हृदयगति रुक जाने से उनके लापरवाह और अमितव्ययी पिता की मृत्यु हो गयी और परिवार ने अपने को विनाश के गर्त के किनारे खड़ा पाया। छः-सात प्राणियों का भरण-पोषण, ऊपर से ऋण का बोझ! नौकरी की व्यर्थ खोज, बन्धुओं के साफ इन्कार से नरेन प्रतिदिन और गहरी यातना का अनुभव करने लगे। अत्यन्त मार्मिक वेदना से उन्होंने अपने क्लेशों का वर्णन किया है :

''मैं लगभग भूखों मर गया। नंगे पैर मैं दफ्तर-दफ्तर भटकता पर सर्वत्र निराशा मिलती। मुझे मानवीय सहानुभूति का अनुभव हो गया। जीवन की कटु सत्यता से यह मेरा पहला परिचय था। मैंने देखा कि उसमें दुर्बल निर्धन असहाय के लिए कोई स्थान नहीं है। जो कुछ दिन पहले मेरी सहायता करने में गर्व का अनुभव करते थे अब सहायता के साधन रहते भी मुझे देख मुँह फेर लेते। मुझे जान पड़ने लगा कि यह जगत् किसी शैतान की सृष्टि है। गर्मी के एक दिन जब मुझसे खड़े भी नहीं हुआ जा रहा था मैं एक स्मारक की छाँह में बैठ गया। मेरे कई बन्धु भी वहाँ थे। उनमें से एक भगवान् की अपार करुणा के बारे में एक गीत गाने लगा। मुझे जान पड़ा कि यह जान-बूझ कर मेरे ऊपर आक्रमण किया जा रहा है। अपनी माँ और भाइयों की शोचनीय अवस्था का मुझे स्मरण हो आया। मैंने चिल्ला कर कहा : 'बन्द करो यह गाना! जो सम्पन्न घरों में जन्मे हैं, जिनके माता-पिता घर पर भूखों नहीं मर रहे हैं उन्हें ऐसी कल्पनाएँ मधुर जान पड़ सकती हैं। हाँ-हाँ, एक समय था जब मुझे भी ऐसा ही लगता था। लेकिन अब जब जीवन की कठोरता मेरे सामने है, मुझे यह व्यंग्य की हँसी जैसा सा लगता है।' मेरे बन्धु नाराज हो गये। मेरी विपन्नता के लिए वह कोई रियायत करने को तैयार न थे। घर पर कई बार ऐसा भी हुआ है कि खाने की कमी देखकर मैंने माँ से कह दिया कि मेरा बाहर निमंत्रण है और बाहर भूखा भटकता रहा। मेरे धनी बन्धु मुझे अपने घर गाने को बुलाया

करते किन्तु मेरे दुर्दिन के बारे में किसी ने कोई जिज्ञासा नहीं प्रकट की न मैंने ही उसकी चर्चा किसी से की...।"

इस सारी अवधि में वह प्रतिदिन सबेरे उठकर भगवान से प्रार्थना करते रहते। एक दिन उनकी माँ ने सुन लिया, दुर्भाग्य की अति से हिल गयीं, श्रद्धा की तीक्ष्णता के साथ उन्होंने फटकारा, "चुप रह मूर्ख! बचपन से ही भगवान् से प्रार्थना करते-करते तूने अपना गला बैठा लिया है! और भगवान् ने तेरे लिए क्या किया है?"

क्रमशः उनमें भी भगवान् के प्रति रोष जागा। भगवान् क्यों नहीं उनकी आतुर प्रार्थनाओं का उत्तर देते? क्यों पृथ्वी पर इतने दुःखों का भार सहन करते हैं? पंडित विद्यासागर के कटु शब्द उन्हें याद आये : "यदि भगवान् अच्छे और दयालु हैं तो दो मुट्ठी अन्न के अभाव में क्यों लाखों मर रहे हैं?"[१]

भगवान् के प्रति घोर विद्रोह जागा और वह भगवान् के शत्रु हो गये।

अपने विचार उन्होंने कभी गुप्त नहीं रखे थे। अब उन्होंने खुल्लमखुल्ला भगवान् का विरोध करना आरम्भ कर दिया। उन्होंने सिद्ध किया कि भगवान् या तो है नहीं या तो पापात्मा है। नरेन नास्तिक प्रसिद्ध हो गये और जैसा कि धर्म-भीरु लोग प्रायः करते हैं, उनकी नास्तिकता के लिए तरह-तरह के कारण दिये जाने लगे और उनकी बुराई होने लगी। इस बेईमानी की प्रतिक्रिया से नरेन का रवैया और भी कठोर हो गया और उन्होंने यह घोषित करना आरम्भ किया कि ऐसी उलटी और विकृत दुनिया में उन जैसे उत्पीड़ित व्यक्ति को पूरा अधिकार है कि जहाँ जो थोड़ा सा सुख या सान्त्वना मिल जाये उसे ग्रहण करें। अगर नरेन को यह जान पड़ा कि ऐसे साधनों से कुछ भी सान्त्वना मिलती है तो वह उनका उपयोग करने में किसी से नहीं डरेंगे। रामकृष्ण के कुछ शिष्यों ने उन्हें समझाया तो उन्होंने उत्तर दिया कि डर पर आधारित आस्था निरी कायरता है और शिष्यों को दुत्कार दिया। किन्तु यह भी खटका उनके मन में रहा कि क्या रामकृष्ण भी औरों की भाँति उन्हें अपराधी ठहरायेंगे? फिर उनके अभिमान ने चुनौती दी, "क्या

---

१. पंडित ईश्वरचन्द्र विद्यासागर (१८२०-९१) समाज सुधारक और कलकत्ते के संस्कृत महाविद्यालय के अध्यक्ष थे और रामकृष्ण से उनका परिचय भी रहा। आज उनकी स्मृति का सम्मान उनके पांडित्य के लिए उतना नहीं जितना उनके मानव-प्रेम के लिए होता है। सन् १८६४ के दुर्भिक्ष में एक लाख से अधिक लोगों को मरते हुए असहाय देखकर विद्यासागर ईश्वर से विमुख हो गये और उन्होंने अपना जीवन मानव की सेवा में लगा दिया। सन् १८९८ में काश्मीर में भ्रमण करते समय विवेकानन्द ने उनका उल्लेख गहरे सम्मान के साथ और बिना आलोचना के भाव से किया था जैसा कि सिस्टर निवेदिता ने स्वामी विवेकानन्द से अपनी बातचीत के वृत्तान्त में लिखा है। ('नोट्स आफ़ सम् वांडरिंग्स विद् द स्वामी विवेकानन्द,' उद्बोधन कार्यालय कलकत्ता)।

परवाह है? अगर मनुष्य की प्रतिष्ठा ऐसी छोटी-छोटी बातों पर टिकी है तो उसकी भी कोई परवाह नहीं है। धिक्कार है उस प्रतिष्ठा को!''

दक्षिणेश्वर में अपनी कुटीर में बैठे रामकृष्ण को छोड़कर सभी ने मान लिया कि नरेन पथभ्रष्ट हो गये, केवल उन्हीं का विश्वास बना रहा पर वह उपयुक्त मनोवैज्ञानिक क्षण की प्रतीक्षा कर रहे थे। वह जानते थे कि नरेन का उद्धार उन्हीं के द्वारा होगा।

गर्मियाँ बीत गयीं। नरेन नौकरी की तलाश में भटकते रहे। एक दिन सायंकाल दिन भर भूखे रहने के उपरान्त वह वर्षा में भीगते हुए थककर सड़क के किनारे एक घर के सामने भूमि पर पड़ गये। ज्वर से उनकी देह जलने लगी। एकाएक उन्हें लगा कि उनकी आत्मा के सामने से एक परदा उठ रहा है और प्रकाश फूट रहा है। उनके सब सन्देह एकाएक मिट गये। उन्होंने निष्ठापूर्वक कहा, ''मैं देखता हूँ, मैं जानता हूँ, मैं विश्वास करता हूँ, मेरा भ्रम मिट गया है।''

उनका चित्त शान्त हो गया और देह में स्फूर्ति लौट आयी। घर आकर उन्होंने रात चिन्तन में बितायी। सबेरे तक उन्होंने निश्चय कर लिया : दादा की भाँति वह भी संसार छोड़ देंगे। इस निश्चय को कार्यान्वित करने का दिन भी उन्होंने स्थिर कर लिया।

संयोग से ठीक उसी दिन रामकृष्ण कलकत्ते आये और उन्होंने नरेन से उनके साथ एक दिन के लिए दक्षिणेश्वर चलने का अनुरोध किया। नरेन ने पीछा छुड़ाने की बहुत कोशिश की पर अन्त में उन्हें जाना पड़ा। उस रात नरेन को लेकर अपने कमरे के किवाड़ बन्द करके रामकृष्ण गाने लगे। वह गान सुनते-सुनते शिष्य के आँसू बह निकले और नरेन समझ गये कि उनका निर्णय गुरु जान गये हैं। रामकृष्ण ने उनसे कहा, ''यह मैं जानता हूँ कि तुम संसार में नहीं रह सकते। पर जब तक मैं जीवित हूँ तब तक इसे न छोड़ो इतना ही मेरा अनुरोध है।'' सबेरे नरेन घर लौट गये। उन्हें एक अनुवाद कार्यालय में और एक कानूनी दफ्तर में कुछ काम मिल गया पर कोई स्थायी नौकरी न होने से परिवार के दिन अनिश्चय में ही बीतते रहे। नरेन ने रामकृष्ण से कहा कि उनके और उनके परिवार के लिए प्रार्थना करें।

रामकृष्ण ने कहा, ''बेटा, यह प्रार्थना मैं तो नहीं कर सकता। तुम स्वयं क्यों नहीं करते?''

नरेन माँ के मन्दिर में गये। उनकी चित्तवृत्ति बदल गयी। श्रद्धा के ज्वर में वह बह गये। जब वह लौटे तो रामकृष्ण ने पूछा कि क्या वह प्रार्थना कर आये? तब नरेन को ध्यान आया कि अपने दुःख के निवारण की प्रार्थना करना तो वह भूल ही गये। रामकृष्ण ने उन्हें दुबारा जाने को कहा। नरेन दूसरी बार भी मन्दिर में गये और फिर तीसरी बार भी किन्तु मन्दिर में प्रवेश करते ही प्रार्थना का उद्देश्य धुँधला पड़ जाता। तीसरी बार उन्हें उसका स्मरण भी हुआ पर उसके साथ ही आत्मग्लानि की लहर भी आयी : ''कितनी तुच्छ बातें हैं ये कि इनके लिए माँ के सामने आया जाये!'' उन्होंने केवल यही

प्रार्थना की : "माँ मुझे और कुछ नहीं चाहिए केवल यही कि मैं जानता रहूँ और मेरा विश्वास बना रहे…"

उस दिन से उनके लिए एक नया जीवन आरम्भ हुआ। उनका ज्ञान और उनकी श्रद्धा जाग गयी। गेटे के वृद्ध वादक की भाँति[१] उनका विश्वास भी दुर्दिन में जागा इसीलिए 'आँसुओं से भीगी हुई रोटी' का स्वाद वह कभी नहीं भूले, न उस रोटी के साझीदार अपने अभागे भाइयों को। उनके विश्वास का उदात्त स्वर संसार में गूँज गया :

"मेरा विश्वास उस एकमात्र ईश्वर में है जो कि सभी आत्माओं का योगफल है, सर्वोपरि मेरा विश्वास उस ईश्वर में है जो दुष्टों का है, दीन-दुखी का है, जो सभी जातियों के निर्धनों का ईश्वर है… ।"

यों गैलिली-वाले की विजय हुई।[२] बंगाल के वात्सल्य-भरे गुरु ने उनके अभिमान की बाधा को दूर कर दिया। तब से यह शासन के लिए जन्मा हुआ क्षत्रिय उनका सबसे आज्ञाकारी बेटा हो गया। उनमें ऐसी सम्पूर्ण एकता हो गयी कि कभी-कभी ऐसा जान पड़ता था कि दोनों एक ही आत्मा हैं। नरेन की भावाविष्ट आत्मा मानो अधूरा देना जानती ही नहीं थी, उस पर नियंत्रण रखना आवश्यक था। रामकृष्ण समझते थे कि ब्रह्म का पथ कितना संकटपूर्ण है। उसकी उद्दाम गति तर्क की मर्यादा फाँदकर सीधे ज्ञान से प्रेम में जाती थी, ध्यान की एकान्त आवश्यकता के उपरान्त सीधी कर्म की एकान्त आवश्यकता का अनुभव करती थी। वह एक साथ सभी कुछ का आस्फालन कर लेना चाहती थी। रामकृष्ण के अन्तिम दिनों में हम नरेन को बार-बार उनसे आग्रह करता पाते हैं कि निर्विकल्प समाधि का चरम रहस्य उन्हें बता दें पर रामकृष्ण दृढ़तापूर्वक इन्कार करते रहे।

स्वामी शिवानन्द ने मुझे बताया कि एक दिन कलकत्ता के समीप काशीपुर के उद्यान में उनके सामने ही विवेकानन्द सचमुच उस समाधि में पहुँच गये : "उन्हें बिल्कुल संज्ञाहीन देखकर और देह को शव-सा ठंडा पाकर हम लोग घबड़ाकर गुरु के पास दौड़े गये। हमने उन्हें बताया कि क्या हुआ है तो उन्होंने बिना चिन्तित हुए मुस्कराकर कहा, 'अच्छा तो है।' और चुप हो गये। नरेन जागकर गुरु के पास आये तो गुरु ने पूछा, 'तो अब समझ गये? यह (निर्विकल्प समाधि) अब से ताले में बन्द रहेगी। तुम्हें माँ का काम करना है। काम जब पूरा हो जायेगा तब वह स्वयं ताला खोल देगी।' नरेन ने कहा, 'गुरुजी, मैं तो समाधि में परम आनन्द से था—संसार को भूल गया था। मुझे उसी अवस्था में रहने दीजिए न!' गुरु ने फटकारा, 'लज्जा नहीं आती तुम्हें? कैसे

---

१ गेटे के 'विल्हेल्म माइस्टर' के कुछ गीतों की ओर संकेत है। शूबर्ट ह्यूगो बूल्फ और यूरोप के अन्य महान् संगीतकारों ने इनके लिए स्वर-लिपि रची है।

२ यह संकेत सम्राट् जूलियन की अन्तिम पुकार की ओर है : आजीवन क्राइस्ट का व्यर्थ विरोध करके मृत्यु के समय उसने हार मान ली थी।

ऐसा चाह सकते हो तुम? मैं तो समझता था तुम विशालतर जीवन के पात्र हो और तुम हो कि साधारण जन की भाँति अपने ही आनन्द में डूबे रहना चाहते हो।...माँ की कृपा से यह समाधि तुम्हारे लिए ऐसी सहज हो जायेगी कि साधारण अवस्था में भी तुम्हें प्राणि-मात्र में व्याप्त एक ईश्वर का बोध रहेगा, तुम दुनिया में बड़े-बड़े काम करोगे, लोगों में आध्यात्मिक चेतना जगाओगे और दीन-निर्धन का क्लेश हरण करोगे।''

विवेकानन्द जिस कार्य के लिए अवतरित हुए थे उसे उन्होंने पहचान लिया था और इच्छा के विरुद्ध भी वह कार्य पूरा करने के लिए उन्हें रामकृष्ण ने बाध्य कर दिया।

उन्होंने कहा : ''संसार को शिक्षा देने का उत्तरदायित्व ग्रहण करने से साधारण लोग डरते हैं। लकड़ी का निकम्मा टुकड़ा केवल स्वयं ऊब-डूब करता रह सकता है, उस पर चिड़िया भी बैठे तो डूब जाता है। पर नरेन वैसा नहीं है वह गंगा के वक्ष पर बहने वाले उन विशाल स्तम्भों की भाँति है जो लोगों का और पशुओं का बोझ ढोते हुए ले जाते हैं।''

उन्होंने महाकाय व्यक्ति के प्रशस्त ललाट पर लोकवाही सन्त क्रिस्टोफर का चिह्न तिलकित कर दिया था।[१]

सन् १८८४ में रामकृष्ण का स्वास्थ्य बहुत गिर गया। एक बार जब वह समाधि में थे, उनकी बाँह की हड्डी उतर गयी और उसमें भयानक दर्द रहने लगा। इस यातना से उनमें भारी परिवर्तन आ गया। उन्होंने अपने निर्बल शरीर और विचरणशील आत्मा को अलग-अलग बाँट दिया। तब से वह 'मैं' की बात ही नहीं करते थे, वह 'मैं' रहे ही नहीं थे। वह अपने को ही 'यह' कहकर इंगित करते। अगले वर्ष अप्रैल में उनका गला सूज आया। निस्सन्देह उन्हें लगातार कितना बोलना पड़ता था वह भी इसका एक कारण था और कठिन समाधि के समय गले के भीतर रक्त बहने लगने से कष्ट और बढ़ता जाता था। डाक्टरों का परामर्श था कि वह बोलना बन्द करें और समाधि भी छोड़ दें पर उन्होंने इसकी ओर ध्यान न दिया। एक वैष्णव उत्सव पर उन्होंने और भी उदारता से अपना उत्सर्ग कर दिया फलतः रोग बहुत बढ़ गया और उनके लिए कुछ खाना भी असम्भव हो गया। फिर भी वह मिलने आने वालों की दिन-रात अभ्यर्थना करते रहे। अन्त में एक रात गले के भीतर रक्त की धारा फूट निकली। डाक्टरों ने बताया कि गले का कैंसर है। शिष्यों के आग्रह से उन्होंने अपनी चिकित्सा का भार कुछ दिनों के लिए कलकत्ते के डाक्टर महेन्द्रलाल सरकार को सौंप दिया। सितम्बर १८८५ में एक छोटा

---

१ **ईसाई पुराण गाथा के अनुसार सन्त क्रिस्टोफर एक महाकाय व्यक्ति थे जो लोगों को अपने कन्धों पर बिठा कर नदी के पार उतार देते थे। एक दिन शिशु क्राइस्ट उनके पास पहुँच गये। क्रिस्टोफ़र का व्युत्पत्यर्थ है 'क्राइस्ट का वहन करने वाला।' रोलां के उपन्यास 'जां क्रिस्तोफ' का अन्तिम पृष्ठ भी इस सन्दर्भ में पठनीय है।**

मकान किराये पर ले लिया गया, जिसमें रामकृष्ण की पत्नी ने भी अपने लिए एक कोना ठीक कर लिया, जहाँ से वह पति की सेवा-शुश्रूषा की देख-भाल कर सकें। रात में सबसे अधिक विश्वासपात्र शिष्य ही गुरु के पास बैठकर पहरा देते थे। उनमें से अधिसंख्य निर्धन थे और दवा-दारू के लिए उन्हें अपनी सम्पत्ति बेचनी या गिरवी रखनी पड़ी या अन्य रूप से उधार लेना पड़ा। इस कठिनाई के कारण वे परस्पर और निकट खिंच आये। डाक्टर सरकार बुद्धिवादी थे और रामकृष्ण के धार्मिक विचार उन्हें अग्राह्य थे। उन्होंने रामकृष्ण से यह स्पष्ट कह भी दिया था। पर ज्यों-ज्यों डाक्टर का सम्पर्क रोगी से बढ़ता गया त्यों-त्यों रामकृष्ण के प्रति उनका सम्मान भी बढ़ता गया और अन्त में उन्होंने चिकित्सा के लिए कुछ भी फीस लेना बन्द कर दिया।

पर रामकृष्ण की हालत गिरती ही गयी। डाक्टर सरकार ने उन्हें कलकत्ते से बाहर देहात में ले जाने की राय दी। दिसम्बर १८८५ के मध्य के लगभग उन्हें काशीपुर के सुन्दर उद्यानों के बीच की बस्ती में एक घर में ले जाया गया और बारह चुने हुए शिष्य अन्त तक उनके साथ रहे। नरेन उनके कार्य और उनकी प्रार्थनाओं का निर्देशन करते थे। उन्होंने गुरु से भी प्रार्थना की कि उनके स्वास्थ्य लाभ की प्रार्थना में शिष्यों के साथ वह भी योग दें। समान विचारों के एक पंडित के आगमन से उनके आग्रह को और भी बल मिला।

पंडित ने रामकृष्ण से कहा, "धर्मशास्त्रों का मत है कि आप जैसे सन्त अपने इच्छा-बल से ही अपनी चिकित्सा कर ले सकते हैं।"

रामकृष्ण बोले, "मैंने अपना मन सम्पूर्णतया भगवान् को सौंप दिया है। आप क्या चाहते हैं कि वह मैं वापस माँगूँ?"

शिष्यों का उलाहना था कि रामकृष्ण स्वस्थ होना नहीं चाहते हैं।

"तुम क्या समझते हो कि मैं अपनी इच्छा से कष्ट भोग रहा हूँ। मैं तो अच्छा होना चाहता हूँ पर वह माँ पर निर्भर है।"

"तो माँ से प्रार्थना कीजिए।"

"तुम लोगों का यह कह देना आसान है पर मुझसे वे शब्द ही नहीं कहे जाते।"

नरेन ने आग्रह किया, "हम पर दया करके ही आप कहिये।"

गुरु ने मधुर भाव से कहा, "अच्छा मुझसे जो बन पड़ेगा प्रयत्न करूँगा।"

शिष्यों ने उन्हें कुछ घण्टे अकेले छोड़ दिया। जब वे लौटे तो गुरु ने कहा, "मैने माँ से कहा था, 'माँ कष्ट के कारण मैं कुछ खा नहीं सकता। यह सम्भव कर दो कि मैं कुछ खा सकूँ।' माँ ने तुम सब की ओर संकेत करके मुझसे कहा, 'क्यों इतने सब मुँह तो हैं जिनके द्वारा तू खा सकता है।' मैं लज्जित हो गया और फिर मुझसे कुछ नहीं कहा गया।"

कई दिनों के बाद उन्होंने कहा, ''मेरी शिक्षा प्रायः समाप्त हो गयी है। मैं दूसरों को अब और शिक्षा नहीं दे सकता, क्योंकि मुझे दिखता है कि सभी कुछ प्रभुमय है। तब मैं पूछता हूँ, मैं किसे शिक्षा दूँ?''

१ जनवरी, १८८६ को उनकी तबीयत कुछ सुधरी और थोड़ी देर बाहर टहलकर उन्होंने शिष्यों को आशीर्वाद दिये। आशीर्वाद का प्रभाव प्रत्येक पर अलग-अलग हुआ : कोई मौन गद्गद हो गया तो किसी का आनन्द मुखर शब्दों में फूट निकला। किन्तु इस पर सभी सहमत थे कि प्रत्येक को मानो बिजली का एक धक्का-सा लगा, एक शक्ति का बोध हुआ जिससे प्रत्येक ने एक ही पग में अपना वांछित लक्ष्य प्राप्त कर लिया।

केवल नरेन असन्तुष्ट रहे, पिता की मृत्यु, संसार की चिन्ता और अपनी आध्यात्मिक जिज्ञासा उन्हें खाये जा रही थी। उन्हें यह दिख रहा था कि और सबको तो सिद्धि मिल गयी और वह त्याग दिये गये। उनके क्लेश में उन्हें सान्त्वना देने वाली आलोक की कोई किरण नहीं दिखी थी। उन्होंने रामकृष्ण से अनुरोध किया कि उन्हें इस कष्ट से उबरने के लिए कुछ दिन समाधि लगाने की अनुमति दी जाये, किन्तु गुरु ने ऐसे ओछे विचारों पर फटकार दिया (गुरु उन्हीं के साथ रियायत बरतते थे जिनसे उन्हें बहुत कम आशा होती थी) गुरु ने कहा कि परिवार के लिए कुछ व्यवस्था कर लेने पर उनकी सब झंझटें दूर हो जायेंगी और उन्हें वांछित सब कुछ मिल जायेगा। नरेन खोई हुई भेड़ की तरह रोते हुए कलकत्ते में और देहात में धूल भरे मारे-मारे फिरते रहे, जो अप्राप्य था उसी की खोज में वह कराहते हुए अविराम भटक रहे थे। उनकी आत्मा को किसी प्रकार शान्ति नहीं मिल रही थी। रामकृष्ण करुणा और वात्सल्य से भरे दूर से ही उनकी भ्रान्त गति को देख रहे थे। वह अच्छी तरह जानते थे कि दैवी शिकार के पकड़ने के लिए पहले उसकी टोह में बहुत भटकना पड़ेगा। वह यह भी अनुभव कर रहे थे कि नरेन की स्थिति असाधारण है, क्योंकि अपने अविश्वास के दावे के बावजूद वह असीम के लिए छटपटा रहे थे। गुरु समझते थे कि नरेन की जितनी कड़ी परीक्षा हो रही है उसी अनुपात में उन्हें गौरव मिलेगा। दूसरे शिष्यों के सामने भी यह नरेन के चेहरे पर वात्सल्य से हाथ फेरते। भक्ति के सभी लक्षण उन्हें स्पष्ट दिख रहे थे। भक्त ज्ञानी की भाँति मुक्ति नहीं खोजता। उसे मानव मात्र के कल्याण के लिए बार-बार जन्म लेना होता है, क्योंकि वह मानव प्रेम और मानव सेवा के लिए ही बना है। वासना का कण मात्र भी रहने पर पुनर्जन्म होता ही है, वासना का सम्पूर्ण अन्त हो जाने पर ही मुक्ति मिलती है। लेकिन भक्त अपने लिए उसकी कोई आकांक्षा नहीं करते। इसीलिए रामकृष्ण, जिनका हृदय जीव मात्र के प्रति प्रेम से भरा था, भक्तों के प्रति सदैव एक विशेष भाव रखते थे और भक्तों में नरेन का विशेष स्थान था।

वह नरेन को अपना उत्तराधिकारी मानते हैं, यह बात उन्होंने कभी नहीं छिपाई। एक दिन उन्होंने नरेन से कहा—''इन सब युवकों को मैं तुम्हारे ही जिम्मे छोड़ रहा हूँ।

इनके आध्यात्मिक विकास को तुम अपना काम समझो।''

संन्यस्त जीवन की तैयारी के लिए उन्होंने सब शिष्यों को आदेश दिया कि जाति-पाँति का विचार किये बिना हर घर से भोजन की भिक्षा माँगें। अन्तिम दिनों में उन्होंने सब को दीक्षा दी और भगवे वस्त्र पहनने की अनुमति दे दी।

स्वाभिमानी नरेन ने त्याग का आदर्श प्रस्तुत किया लेकिन अपना आध्यात्मिक दर्प वह बड़ी कठिनाई से ही छोड़ पाये। ईसा की भाँति उनको भी विश्व के साम्राज्य का लोभ देकर शैतान को कोई सफलता न मिलती, लेकिन अगर शैतान उन्हें आत्मा का चक्रवर्तित्व देकर लुभाना चाहता तो शायद वह डिग जाते। अपने आत्मबल की परीक्षा लेने के लिए एक दिन नरेन ने अपने साथी कालीप्रसाद से कहा कि जब वह ध्यानावस्थित हो, तब उन्हें छू ले। कालीप्रसाद ने वैसा किया तो वह भी तत्काल ध्यानावस्थित हो गया। रामकृष्ण ने जब यह सुना तो उन्होंने नरेन को बहुत फटकारा। इस तरह खिलवाड़ के लिए बीजवपन करने या एक के विचारों को दूसरे पर आरोपित करने को वह अपराध समझते थे। यह सम्पूर्ण आध्यात्मिक स्वातन्त्र्य के विरुद्ध प्रयत्न था और इसलिए पाप था। दूसरों की सहायता करना एक बात है और दूसरों के विचारों के स्थान में अपने विचार रख देना बिल्कुल दूसरी बात।

इसी के कुछ दिन बाद ध्यान करते समय नरेन को जान पड़ा कि उनके सिर के पीछे एक प्रभा फूट रही है। एकाएक वह अचेत हो गये। वास्तव में वह निर्विकल्प समाधि में पहुँच गये थे जिसे वह इतने दिनों से खोज रहे थे और जिसकी अनुमति रामकृष्ण ने नहीं दी थी। लम्बी अवधि के बाद जब उनकी चेतना लौटी तो उन्हें ऐसा जान पड़ा कि उनका शरीर ही नहीं है, कि चेहरे के अतिरिक्त कुछ भी नहीं है और एकाएक वह पुकार उठे—'मेरी देह कहाँ है?' दूसरे शिष्य डर गये और गुरु के पास दौड़े, लेकिन रामकृष्ण ने शान्त भाव से कहा—'ठीक है, उसे कुछ समय ऐसे ही रहने दो। बहुत दिन से मुझे तंग कर रखा था।'

जब नरेन सुस्थ हुए तब उन्हें जान पड़ा कि वह एक अनिर्वचनीय शान्ति में डूब गये हैं। वह गुरु के निकट गये। रामकृष्ण ने उनसे कहा—'अब माँ ने तुम्हें सब कुछ दिखा दिया है। लेकिन यह उपलब्धि ताले में बन्द रहेगी और चाबी मैं अपने पास रखूँगा। जब तुम माँ का काम पूरा कर चुकोगे तब यह निधि तुम्हें मिल जायेगी।'

यह कहकर गुरु ने उन्हें बताया कि 'आने वाले दिनों में अपने स्वास्थ्य के लिए उन्हें क्या-क्या करना चाहिए।'

जितना ही वह अन्त के निकट पहुँच रहे थे उतना ही उनकी तटस्थता बढ़ती जाती थी मानो शिष्यों के दुःख-दर्द पर वह अपनी शान्ति के स्वर्ग का विस्तार करते जा रहे थे।

जिस रोग से उनकी मृत्यु हुई (गले का कैन्सर), वह कितना भयानक है इसे जो लोग जानते थे उन्हें इस बात पर विस्मय होता था कि उनकी मृदु और वात्सल्य भरी मुस्कान कैसे सदा बनी रहती थी। यद्यपि ईसा की भाँति सूली पर मरने का भाग्य इस भारतीय मसीहा को नहीं मिला तथापि उसकी शय्या सूली से कम न थी फिर भी वह यह कहते थे कि—'केवल शरीर को कष्ट होता है जब मन ईश्वर से मिल जाये तो उसे कोई कष्ट नहीं होता।'

और फिर 'शरीर और उसके क्लेशों को एक-दूसरे से निबटने दिया जाये, लेकिन मेरे मन, तू आनन्द में मगन रह, अब मैं और मेरी देवी माँ सदा के लिए एक हैं।'

मृत्यु से तीन-चार दिन पहले उन्होंने नरेन को बुलाया और निर्देश किया कि उन दोनों को अकेला छोड़ दिया जाये। उन्होंने स्नेहभरी दृष्टि से नरेन की ओर देखा और फिर समाधिस्थ हो गये। नरेन भी मानो उनकी परिधि में खिंच आये। जब वह जागे तो उन्होंने देखा कि रामकृष्ण की आँखों में आँसू भरे हैं। गुरु ने उनसे कहा—'आज मैंने अपना सब कुछ तुम्हें दे दिया है और अब मैं निरा कंगाल हूँ, जिसका अपना कुछ नहीं है। इस शक्ति से तुम संसार का बहुत सा हित कर सकोगे और उसको पूरा करके ही वापिस लौटोगे।'

उस मुहूर्त से उनकी सारी शक्तियाँ नरेन में आविष्ट हो गयीं। गुरु और शिष्य एक हो गये।

रविवार १५ अगस्त १८८६···अन्तिम दिन······

अपने क्षत-विक्षत कण्ठ के बावजूद तीसरे पहर गुरु में इतनी आश्चर्यजनक शक्ति थी कि वह दो घण्टे तक अपने शिष्यों से बात करते रहे। रात होते न होते वह अचेत हो गये। सब ने समझा कि मृत्यु हो गयी, लेकिन आधी रात के लगभग उन्हें फिर चेत हुआ और शिष्य रामकृष्णानन्द के सहारे उठकर वह पाँच-छः तकियों पर झुके-झुके अपने प्रिय शिष्य नरेन से अन्तिम क्षण तक बातें करते रहे और धीमे स्वर से उपदेश देते रहे। फिर उच्च स्वर से उन्होंने तीन बार अपने इष्ट देवता माँ काली का नाम पुकारा और फिर लेट गये। अन्तिम समाधि आरम्भ हो गयी जो दोपहर के कुछ पहले तक रही जब कि उन्होंने शरीर छोड़ दिया। स्वयं उन्हीं के शब्दों में—'वह एक कमरे से दूसरे कमरे में चले गये।'

और उनके शिष्यों ने पुकारा—'भगवान् रामकृष्ण की जय।'

सन्देशवाहकों का काम तत्काल आरम्भ हो गया, क्योंकि जिन युवा शिष्यों ने रामकृष्ण के अन्तिम दिन देखे थे उनका संसार की ओर लौटना असम्भव था। उनके पास कोई साधन नहीं था, लेकिन बलराम वसु, जिन्हें अस्थायी तौर पर रामकृष्ण की

अस्थियों की देखभाल का काम सौंपा गया था, सुरेन्द्रनाथ मित्र, महेन्द्रनाथ गुप्त और गिरीशचन्द्र घोष—इन चार विवाहित शिष्यों ने सब को प्रोत्साहन दिया और एक आश्रम की स्थापना में सहायता की। सुरेन्द्रनाथ मित्र के दान से गंगा के किनारे बड़नगर में एक आधा खण्डहर मकान किराये पर लिया गया। यहीं पहला मठ हुआ। यहीं पर एक दर्जन से अधिक शिष्य नये आश्रमिक नाम ग्रहण करके आ जुटे। पुराने नाम उन्होंने पीछे छोड़ दिये। जिनका नाम नरेन था उनका नाम अब और चिरकाल के लिए विवेकानन्द हो गया। वही सर्वसम्मति से अग्रणी हुए। वह न केवल सबसे अधिक उत्साही, प्राणवान और प्रतिभाशाली थे, बल्कि गुरु ने स्वयं उन्हें मनोनीत भी किया था और सब की प्रवृत्ति थी कि एकान्त में अपने को बन्द करके स्मृति और दुःख के व्यामोह में अपने को डुबा दें, लेकिन प्रमुख शिष्य जो इस प्रवृत्ति का आकर्षण ही सबसे अधिक समझता था, इसके घातक प्रघात को भी जानता था, उसने सबकी शिक्षा और निर्देशन का दायित्व अपने ऊपर लिया। विवेकानन्द इन आश्रमिकों के बीच में मानों आग के बगूले की तरह थे, वह उन्हें दुःख और व्यामोह से जगाते, बाहर संसार का विचार जानने को बाध्य करते। अपनी विशाल प्रतिभा की जीवनदायिनी वर्षा से नहला देते और ज्ञान-तरु की विभिन्न शाखाओं के फलों का आस्वादन कराते—तुलनात्मक धर्म, विज्ञान, इतिहास, समाजशास्त्र—वह चाहते थे कि सब को एक विश्व-व्यापी परिदृष्टि मिले। एक ओर वह पवित्र अन्तराग्नि को दीप्त रखते और दूसरी ओर उन्हें वाद-विवाद और विचार-विनिमय की ओर प्रेरित करते रहते।

नर देवता की प्रतिष्ठा की विधि पर मोहर लगाने का प्रतीकात्मक कार्य सन् १८८६ में क्रिसमस पर्व के दिनों में हुआ। इसकी कथा बड़ी रोचक है क्योंकि इसमें पश्चिम के 'सु-देवता'[१] और भारत के वाग्देवता की अप्रत्याशित भेंट का रस मिलता है।

अन्तपुर में एक शिष्य (बाबूराम) की माँ के घर में शिष्य मण्डली सम्मिलित हुई थी।

संन्यासी जब आग के निकट इकट्ठे हुए तब साँझ घनी हो चुकी थी। वे लोग लकड़ी के बड़े-बड़े मुट्ठे ले आये थे, जिन्हें आग में डाल दिया गया था। शीघ्र ही आग भड़क उठी और उसकी लपटों के प्रकाश में आस-पास का अंधकार जगमगा उठा। ऊपर भारतीय रात का सुन्दर तनोवा तना हुआ था और चारों ओर देहाती नीरवता एक अनिर्वचनीय शान्ति बरसा रही थी। संन्यासी वृन्द ध्यान लगाकर बैठ गये और बहुत देर तक बैठे रहे। फिर नेता (विवेकानन्द) ने मौन तोड़ा और ईसा की कथा कहने लगे। बिल्कुल आरम्भ से, जन्म की रहस्य गाथा से उन्होंने आरम्भ किया। देवदूत के भावी

१ मूल शब्द 'बो ड्यू' है जिसका शब्दार्थ है सुन्दर ईश्वर। एमिएन्स के गाथिक गिरजाघर के द्वार पर क्राइस्ट की सुप्रसिद्ध मूर्ति को फ्रांसीसी लोग इसी नाम से सम्बोधित करते हैं।

आगमन की सूचना पाकर कुमारी मरियम जिस विभोर अवस्था में पहुँच गयी थीं उसी से संन्यासी भी पहुंच गये.....ईसा का बचपन संन्यासियों ने मानो उनके साथ जिया, उनके साथ ही वे देश छोड़कर मिस्र में पहुँचे। देवस्थान में जब ईसा को यहूदी पंडितों ने घेर लिया और उनसे प्रश्नोत्तर करने लगे, तब भी मानो सब संन्यासी ईसा के साथ थे, और उस समय भी, जब मसीहा अपने पहले शिष्यों को एकत्र कर रहे थे। वे भी मानो मसीहा का अभिनन्दन कर रहे थे जैसा कि उन्होंने अपने गुरु का किया था। क्राइस्ट और रामकृष्ण दोनों के चिन्तन और कर्म तथा शिष्यों से सम्बन्ध का असाधारण साम्य था, उसने संन्यासियों को गुरु के साथ बिताए हुए अपने आनन्दमय दिनों की याद दिला दी। मुक्तिदूत ईसा के शब्द उन्हें अपने सुपरिचित जान पड़े।

कथा समाप्त करके विवेकानन्द ने संन्यासियों का उद्‌बोधन दिया। उन्होंने कहा कि उन सब को भी क्राइस्ट बनना चाहिए। संसार की मुक्ति के लिए प्रयत्न करना चाहिए और ईसा की भाँति सम्पूर्ण त्याग करके परमपिता तक पहुँचना चाहिए।

आग के सामने खड़े संन्यासियों ने जिनके चेहरे लपटों के आलोक से लाल हो रहे थे और जिनके विचारों की नीरवता को केवल कच्ची लकड़ी की चिनगारियों की चटक भंग करती थी, गम्भीर भाव से चिर संन्यास की शपथ ली। प्रत्येक के लिए उसके साथी साक्षी थे और समान रूप से सब के लिए सब में व्याप्त परमेश्वर।

सारा कार्य सम्पूर्ण हो जाने के बाद ही संन्यासियों को ज्ञान आया कि वही रात क्रिसमस से पहले की रात थी।

इस प्रकार समर्पण के एक नये दिन के आरम्भ का एक सुन्दर प्रतीकात्मक सन्देश संन्यासियों को मिल गया।

नये आश्रम के आरम्भ से ही उसमें कुछ अद्वितीय गुण थे। उसमें न केवल पूर्व और पश्चिम दोनों की आस्था की शक्ति थी, न केवल धर्म चिन्तन के साथ प्रकाण्ड वैज्ञानिक अध्ययन का योग था, बल्कि समाधि के आदर्श के साथ मानव सेवा के आदर्श का भी योग था। रामकृष्ण की आध्यात्मिक सन्तान को आरम्भ से ही इसका अवसर नहीं दिया गया कि अपने को मठ की चारदीवारी में बन्द कर लें। इसके प्रतिकूल उन्हें प्रव्रजित होकर संसार में घूमते रहने का काम मिला।

परिव्राजक

क्रिसमस १८८६ की उस रात के बाद, जिसमें बड़नगर में रात्रि जागरण करके गुरु के प्रेमाश्रु बहाते हुए शिष्यों ने संदेशवाहकों को नया समूह बनाने का निश्चय किया था, परमहंस रामकृष्ण के विचारों को कार्यरूप देने का काम आरम्भ होने में महीनों और वर्षों लग गये।

सबसे पहले एक सेतु बनाने की आवश्यकता थी और शुरू में तो वे उसे बनाने का ही संकल्प नहीं कर सके। स्वयं नरेन झिझकते रहे, यद्यपि केवल उन्हीं में आवश्यक शक्ति और रचनात्मक प्रतिभा थीं। बल्कि स्वप्न और कर्म के बीच वे औरों से भी अधिक असमंजस में पड़े थे। दोनों किनारों को मिलाने वाले सेतु की मेहराब उठाने से पहले दूसरे किनारे को जानना आवश्यक था। यह दूसरा किनारा था भारत का समवर्ती देशकाल। लेकिन नरेन के सामने अभी तक कुछ भी स्पष्ट नहीं था, २३ वर्ष के इस युवक युग-पुरुष के सामने उसके भावी कार्य की एक धुँधली ज्योति भर थी और कितना भारी, कितना बड़ा, कितना जटिल था वह कार्य! वह तत्वतः भी उसे कैसे पूरा कर सकेगा? और कब कहाँ से आरम्भ करना होगा? इसी तर्क-वितर्क में संकल्प का क्षण टलता जा रहा था; लेकिन क्या मन की गहराई में भी नरेन अत्यन्त उत्तेजनामय विवाद से बच सकते थे? यह विवाद किशोरावस्था से ही उनके साथ था और रोज साँझ होते ही उन्हें जकड़ लेता था—चेतन रूप से नहीं, अवचेतन में जहाँ उनकी विभिन्न प्रवृत्तियों और इच्छाओं के अनवरत संघर्ष होता रहता था—एक ओर पाने, जय करने, प्रभुत्व प्राप्त करने की आकांक्षा और दूसरी ओर भगवान् को पाने के लिए सभी लौकिक स्वार्थों का त्याग!

यह संघर्ष आजीवन बना रहा। यह योद्धा और विजेता सभी कुछ पा लेना चाहता था—संसार को भी और ईश्वर को भी। सभी पर हावी हो जाना चाहता था और सभी का परित्याग कर देना चाहता था। उसके पहलवान-से शरीर और राजसी मस्तिष्क में शक्तियों के अतिरेक प्रभुत्व पाने के लिए स्पर्द्धा करते रहते। लेकिन शक्ति का यह अतिरेक ही इसे असम्भव बनाता था कि यह प्रबल वेगवती नदी भगवान् को छोड़ कर और किसी पाट से बँध सके—सम्पूर्ण से कम को आत्म-दान कर सके। अभिमान और राजसिक प्रेम, इन दो सगी किन्तु प्रतिस्पर्द्धी सत्ताओं का संघर्ष कैसे दूर किया जाये?

एक तीसरा तत्व भी था जिसकी स्वयं नरेन को पूर्वकल्पना नहीं थी, लेकिन जिसे रामकृष्ण की भवितव्य दृष्टि ने दूर से ही देख लिया था। ऐसे समय में, जब कि दूसरे सब शिष्य इस नये युवक के प्रति, जिसमें ऐसी तूफानी शक्तियाँ घुमड़ रही थीं, सन्देह और चिन्ता व्यक्त कर रहे थे, तब गुरु ने कहा :

'जिस दिन नरेन दु:ख और क्लेश के सम्पर्क में आयेगा उस दिन उसके चरित्र का अभिमान एक अपार करुणा के भाव में बदल जायेगा। तब उसका प्रबल आत्म-विश्वास दूसरी हारी हुई आत्माओं में विश्वास और आस्था जगाने का साधन बनेगा और प्रबल आत्म-संयम पर आधारित उसका आचरण दूसरों की आँखों में भी आत्मा की सच्ची स्वाधीनता के प्रकाश से जगमगा उठेगा।'

मानवीय दु:ख-क्लेश का यही संसर्ग—साधारण दु:ख-क्लेश का नहीं, आँखों के सामने स्पष्ट वास्तविक दु:ख-दैन्य का, अपने देशवासियों के, सारे भारत के दु:ख-दैन्य का संसर्ग ही वह चकमक पत्थर था जिसकी टकराहट से वह चिंगारी निकलने को थी जिससे सारी आत्मा प्रज्वलित हो उठे और इसी आधारशिला पर उसका सारा अभिमान, महत्वाकांक्षा, प्रेम, विश्वास, विज्ञान और कर्म, उसकी सारी शक्तियाँ और कामनाएँ मानव मात्र की सेवा के व्रत में लय हो जाने वाली थीं—एक निष्कम्प ज्योति में। एक ऐसा धर्म जो हमें अपने में विश्वास देगा, राष्ट्रीय आत्म-सम्मान देगा, अपने चारों ओर के दु:ख-दैन्य को दूर करेगा, निर्धन को भोजन और शिक्षा देने की शक्ति देगा···अगर भगवान् को खोजना है तो मनुष्य की सेवा करो।'

लेकिन अपने व्रत और अपनी नियति का बोध उन्हें धीरे-धीरे और वर्षों के प्रत्यक्ष अनुभव के बाद ही हुआ। ऐसा अनुभव कि जिसमें उन्होंने मानव-मात्र के भव्य और दीन शरीर को—जीर्ण-वसना भारत माता के शरीर को अपनी आँखों से देखा, अपने हाथों से छुआ।

उनकी इस 'भ्रमण कहानी' में उनके साथ-साथ चला जाए।

बड़नगर के पहले कुछ महीने, बल्कि पहला वर्ष शिष्यों के परस्पर आध्यात्मिक सम्भरण में लगा। अभी तक उनमें से कोई दूसरों को उपदेश देने के लिए तैयार नहीं था। सभी रहस्यमय आत्मसिद्धि पर ध्यान केन्द्रित किए हुए थे और आभ्यन्तर जीवन का आनन्द उन्हें बाहरी जगत से विमुख किए हुए था। असीम के लिए उनकी इस प्यास में नरेन भी साझी थे, लेकिन वह पहचानते थे कि निष्क्रिय आत्मा के लिए यह मौलिक आकर्षण कितना खतरनाक साबित हो सकता है—यह आकर्षण जो गिरते हुए पत्थर पर गुरुत्वाकर्षण जैसा प्रबल होता है। नरेन, जिनके लिए स्वप्न देखना भी कर्म का रूप था, उन्हें ध्यान में डूबकर निष्क्रिय हो जाने को तैयार न थे। एकान्तवास के इस काल को उन्होंने कठिन शिक्षा का एक उच्चतर आध्यात्मिक विद्यालय का रूप दे दिया। उनकी प्रतिभा और उनकी ज्ञान की श्रेष्ठता ने शुरू से ही उनको अपने साथियों में अग्रणी का

स्थान दे दिया था यद्यपि उनमें से कई उनसे अधिक उम्र के थे। क्या स्वयं गुरु ने उनसे विदा होते समय नरेन से यह अन्तिम शब्द नहीं कहे थे, 'इन बच्चों की देखभाल करना।'

नरेन ने दृढ़तापूर्वक इस साधना-केन्द्र का संचालन आरम्भ किया और किसी को भगवद्भजन के आलस्य की अनुमति नहीं दी। सभी सदस्यों को वह निरन्तर सतर्क रखते और उनके मन को निरन्तर चेताते रहते। मानवीय चिन्तन के आत्म-ग्रन्थ पढ़कर उन्हें सुनाते, विश्वात्मा के विकास का रहस्य समझाते, सभी मुख्य धार्मिक और दार्शनिक समस्याओं पर नीरस किन्तु उत्तेजित वाद-विवाद के लिए बाध्य करते, निरन्तर उस असीम सत्य के विशाल क्षितिज की ओर प्रेरित करते चलते जो जातियों और सम्प्रदायों से बड़ा है, जिसमें सभी विशिष्ट सत्य एकाकार हो जाते हैं।

यह आध्यात्मिक समन्वय रामकृष्ण के प्रेम-सन्देश की पूर्ति ही था। अदृश्य गुरु मानो उनकी हर सभा का संचालन स्वयं करते थे। वे सब अपने सारे मानसिक प्रयास मानो उन्हीं के विश्व हृदय की सेवा में अर्पित कर देते थे।

लेकिन यूरोप भले ही एशिया के लोगों को स्थितिशील समझता हो, यह धार्मिक भारतीय का स्वभाव नहीं है कि अपने को (फ्रांसीसी बुर्जुवा की तरह) एक ही स्थान में बन्द कर रखे। बल्कि जो ध्यान का मार्ग अपनाते हैं उनकी धमनियों में भी संसार भर में निग्रह और निर्बन्ध होकर भटकते रहने की प्रवृत्ति रहती है—सर्वत्र और सर्वदा स्वाधीन और अजनबी होने की। ऐसा भ्रमणशील साधक बनने की, जिसके लिए हिन्दू धर्माचरण में एक विशेष नाम है परिव्राजक, आकांक्षा शीघ्र ही बड़नगर के कुछ बन्धुओं में जाग उठी। संघबद्ध होने के समय से ही पूरा समुदाय कभी एकत्र नहीं हुआ था। दो मुख्य सदस्य, योगानन्द और लाटू क्रिसमस १८८६ की दीक्षा सभा में उपस्थित नहीं थे। कुछ दूसरे रामकृष्ण की विधवा का अनुसरण करते हुए वृन्दावन चले गये। युवक सारदानन्द जैसे कुछ और बिना यह बताए कि वे कहाँ जा रहे हैं, एकाएक लापता हो गए। नरेन स्वयं मंडली से सम्बन्ध बनाए रखने की अपनी सारी चिन्ता के बावजूद कहीं चल देना चाहते थे। आत्मा की इस दिशान्तर प्रवास की पुकार को, पिंजरे में घुटने वाले पक्षी की अपने को मुक्त आकाश के महासागर में खो देने की आकांक्षा को एक नए मठ की स्थिरता की अनिवार्य माँग से कैसे मिलाया जाए? यह व्यवस्था की गयी कि दल का एक अंश हमेशा बड़नगर में बना रहेगा। जब कि दूसरे शिष्य घूमते रहेंगे। एक—केवल एक, शशि, कभी वहाँ से नहीं हटा। वही मानो मठ की धुरी और उसका एकनिष्ठ संरक्षक था, उस नीड़ का आधार जिसमें प्रवासी पक्षी बार-बार लौटते थे।

उड़ निकलने का प्रलोभन नरेन दो वर्षों तक टालते रहे। छोटी-छोटी यात्राओं को छोड़ कर वह १८८८ तक बड़नगर में ही रहे। फिर एकाएक वह वहाँ से चल पड़े, शुरू में अकेले नहीं, बल्कि एक को साथ लेकर। और निकल कर मुक्त हो जाने की अपनी

उत्कट आकांक्षा के बावजूद अगले २$\frac{1}{2}$ वर्ष तक वह किसी के द्वारा बुलाये जाने पर या कोई विशेष घटना होने पर बराबर लौट कर आते रहे। फिर मुक्ति का एक उन्माद-सा उन पर छा गया। पाँच वर्षों से दबी हुई आकांक्षा सारे बन्धन तोड़ कर फूट निकली। सन् १८९१ में बिना किसी को साथ लिये, अकेले और नामहीन अनजान भिखारी की तरह दंड और कमंडल लिये हुए वह भारत की विशालता में वर्षों के लिए खो गए।

लेकिन एक अलक्षित विवेक उनकी बेचैनी को निर्देशन कर रहा था। 'तूने मुझे पाया न होता तो तू मुझे खोजने न जाता।' पास्कल की यह उक्ति किसी के लिए इतनी सत्य न होगी जितनी उन आत्माओं के लिए जिन्हें परमात्मा का संस्पर्श मिलता है और जो यत्नपूर्वक उससे अपनी नियति को, अपने को सौंपे गए कार्य का पूरा रहस्य जान लेना चाहते हों।

नरेन को इसमें कोई सन्देह नहीं था कि उनका पहले से निर्दिष्ट एक लक्ष्य है। उनके भीतर उनकी शक्ति और उनकी प्रतिभा बोल रही थी और समय की पुकार, उत्पीड़ित भारत का चारों ओर छाया हुआ आर्तनाद, प्राचीन गौरवमय अतीत और वर्तमान दैन्य और दारिद्र्य का भेद, भारतीय जनता के दुःख, प्रेम के हताश और मृत्यु का दारुण संघर्ष उनके हृदय को कचोट रहा था। लेकिन उनका वह लक्ष्य क्या होगा? कौन उन्हें बताएगा कि वह क्या है? गुरु तो बिना उसका स्पष्ट निरूपण किए हुए चले गए थे और जीवितों में क्या कोई भी उनको मार्ग-दर्शन करने में समर्थ होगा? केवल भगवान्! तो फिर वही बोले—वह क्यों चुप है? वह क्यों कोई उत्तर नहीं देता?

उस की खोज में नरेन निकल पड़े।

सन् १८८८ में उन्होंने एकाएक कलकत्ता छोड़ दिया और बनारस, अयोध्या, लखनऊ, आगरा, वृन्दावन से उत्तर भारत होते हुए हिमालय की ओर निकल पड़े। इस यात्रा का या इसके बाद की यात्राओं का और सहयोगियों के संस्मरण के अलावा कोई व्यौरा नहीं मिलता जो उनके साथ रहे या यात्रा में कहीं उन्हें मिले। अपनी आध्यात्मिक साधना का रहस्य नरेन ने उद्घाटित नहीं किया। सन् १८८८ में अपनी पहली यात्रा के दौरान वृन्दावन से हाथरस जाते हुए उन्होंने अनचाहे ही अपना पहला शिष्य बना लिया। इस छोटे स्टेशन पर एक सर्वथा अपरिचित व्यक्ति ने उनकी दृष्टि से ही आकृष्ट होकर सब कुछ छोड़कर उनका अनुसरण करने का व्रत ले लिया जिसे उसने आमरण निभाया। इस व्यक्ति का नाम था शरत चन्द्र गुप्त, दीक्षा के बाद उनका नाम हुआ सदानन्द। जाति-पाँति की सम्पूर्ण उपेक्षा करते हुए और अछूत का हुक्का स्वीकार करते हुए गुरु-शिष्य दोनों भिखारी वेश में जहाँ-तहाँ घूमते रहे। कई जगह वे अपमानित हुए। कई बार भूख-प्यास से मरने तक की नौबत आ गयी। सदानन्द बीमार हो गया और नरेन उसे कन्धों पर उठाए बीहड़ वनों में घूमते रहे। अन्त में वह भी बीमार हो गए और दोनों बाध्य होकर कलकत्ता लौट आए।

इस पहली यात्रा ने ही नरेन की आँखों के सामने प्राचीन भारत का चित्र खींच दिया—वेदों के सनातन भारत का, उसके देवताओं और वीरों के गौरव-पूर्ण इतिहास का, आर्य, मुगल और द्रविड़ का, और सबकी एकता का। उन्होंने भारत और एशिया की आध्यात्मिक एकता का निजी अनुभव किया और इस उपलब्धि की सूचना उन्होंने बड़नगर के अपने साथियों को दी।

सन् १८८९ की अपनी दूसरी गाजीपुर यात्रा से लौटने तक जान पड़ता है कि वह अपने उस मानवता सन्देश का कुछ संकेत भी लेकर आये, जिसकी ओर पश्चिम के नये लोकतन्त्र अन्धी और अचेतन गति से बढ़ रहे थे। उन्होंने अपने बन्धुओं को बताया कि जैसे पश्चिम में अलौकिक आधार का प्राचीन आदर्श जो एक समय केवल एक व्यक्ति तक मर्यादित समझा जाता था, धीरे-धीरे जाति निरपेक्ष सभी की समान सम्पत्ति समझा जाने लगा है, और इस प्रकार मानवीय विवेक प्रकृति की अलौकिकता की और एकता को पहचानने लगा है। अमेरिका और यूरोप ने जिन विचारों की परीक्षा करके ऐसे सुखद परिणाम पाये थे उन्हें तुरन्त भारत में लागू करने की आवश्यकता को उन्होंने पहचाना और घोषित किया। इस प्रकार आरम्भ से ही उन्होंने उस उदारता और विशाल हृदयता का परिचय दिया जो लोक कल्याण चाहती है, जो मानव मात्र के संयुक्त प्रयत्न से मानव मात्र की आध्यात्मिक उन्नति का प्रयत्न करती है।

सन् १८८९ और १८९० को इलाहाबाद और गाजीपुर के अल्पकालीन प्रवासों ने इस विश्वव्यापी दृष्टि को और भी परिष्कृत किया। गाजीपुर के उनके प्रवचनों से स्पष्ट दिखता है कि वह हिन्दू धर्म और आधुनिक विज्ञान के, वेदान्त के विचारों और समकालीन सामाजिक चिन्तन के समन्वय की ओर बढ़ रहे थे। वह पहचान रहे थे कि एक परमेश्वर के साथ उनके असंख्य देवताओं का समन्वय करना होगा जिनमें विभिन्न धर्मों के कम ऊँचे आदर्श हैं और मानवीय दुर्बलता के कारण जिनकी आवश्यकता पड़ती है, क्योंकि ये सभी ज्ञान के बिम्बों के रूप में सच्चे हैं, मानवीय आत्मा के विकास के विभिन्न रास्ते और विविध स्तर हैं, मानवीय आत्मा अपनी पूर्णता की ओर धीरे-धीरे ही चढ़ती है।

अभी ये चिनगारियाँ ही थीं, भविष्य के हल्के संकेत मात्र। लेकिन ये सब उनके नाम में संचित होकर उथल-पुथल मचा रहे थे, बड़नगर के मठ की चारदीवारी से, दैनिक नियम से और दूसरे साधकों से वार्तालाप की परिधि से घिरे हुए इस युवक के भीतर एक विराट शक्ति का संचय हो रहा था। उसे और बाँध रखना सम्भव नहीं रहा। अन्त में सब बन्धन टूट गये, नाम, देह, जीवन-परिपाटी की शृंखलाएँ—नरेन नाम से जो कुछ भी पहचाना जा सकता था सब—झर गया और एक नयी आत्मा का आविर्भाव हुआ। इस आविर्भाव का नाम हुआ विवेकानन्द, जो सारे बन्धन काट कर मुक्ति की साँस लेने लगा। जो व्यक्ति नारायण का अनुसरण करने के लिए अपने भाइयों से ही विदा ले

ले, उसके बारे में यह भी कैसे कहा जाये कि वह धर्म की पुकार पर तीर्थ करने निकला था। इस युवा पहलवान को, जिसे उसकी शक्ल के अनुपयोग ने अधमरा कर दिया था, एक तीव्र अन्तर प्रेरणा ने बाध्य कर दिया, उसने जो कड़ी और दो टूक बातें कहीं उन पर उसके धर्म-प्राण शिष्यों ने परदा-सा डाल दिया है। बनारस में उन्होंने कहा—'मैं जा रहा हूँ, मैं तब तक नहीं लौटूँगा जब तक कि मैं एक बम की तरह समाज पर न फट सकूँ, उसे कुत्ते की तरह मेरे पीछे चलने को बाध्य न कर सकूँ।'

हम जानते हैं कि उन्होंने कैसे अपने भीतर जागे हुए इन दुर्दम असुरों को शान्त किया और अत्यन्त दीन और विनीत भाव से दीनों की सेवा में लगाया। लेकिन इस समय अभिमान और महत्वाकांक्षा की जो प्रबल शक्तियाँ उनके भीतर कसमसा रही थीं उनकी बात सोच कर प्रसन्नता होती हैं। क्योंकि उनको सत्ता का वह अतिरेक सता रहा था जो सम्पूर्ण आधिपत्य चाहता है, उनके भीतर एक नेपोलियन छिपा हुआ था।

जुलाई १८९० के आरम्भ में वह बड़नगर का अपना प्रिय आश्रम, जिसे उन्होंने ही स्थापित किया था और जो मानो रामकृष्ण की छाया में पलनेवाला आध्यात्मिक घोंसला था, छोड़कर वह उड़ निकले। उनके पंख मानो उन्हें विश्राम नहीं लेने देते थे। सबसे पहले वह श्रीमाँ (रामकृष्ण की विधवा) से अपनी लम्बी यात्रा के लिए आशीर्वाद लेने गए। उनकी इच्छा थी कि सब बन्धनों से मुक्त होकर हिमालय में एकान्तवास करें, लेकिन उत्तम लक्ष्यों में एकान्त (जो निधि भी है और सामाजिक प्राणियों का आतंक भी) सबसे अधिक कष्टसाध्य है। माता-पिता, बन्धु सभी इसमें बाधक होते हैं (तालस्ताय भी यह जानते थे और अस्तापोवो में मृत्यु शय्या पाने से पहले उन्हें कभी एकान्त नहीं मिला………) जो समाज से बचते हैं, सामाजिक जीवन के उन पर हजारों दावे होते हैं और पलातक अगर युवा बन्दी हो तब तो और भी अधिक! नरेन को शीघ्र ही इसका पता चल गया—और उन्हीं से जिनका उन पर अधिक स्नेह था। मठ के अन्य सभी संन्यासी उनके हाथ चलने का हठ ठाने हुए थे। नरेन उनसे छुटकारा पाने को अत्यन्त कठोर बर्ताव करने को बाध्य हुए। इसके बाद भी सांसारिक दुख की दुनिया ने उनका पीछा न छोड़ा। एक बहिन की मृत्यु की सूचना उन्हें एकान्तवास में मिली। समाज के उत्पीड़न की शिकार इस बहिन की मृत्यु ने उन्हें स्मरण दिलाया कि हिन्दू नारी की नियति बलिदान ही है, कि उनके समाज के जनसाधारण का जीवन ऐसी दारुण समस्याओं से भरा हुआ है, कि उनका निर्लिप्त दर्शक बन जाना अपराध है, एक पूर्वनिर्दिष्ट जान पड़नेवाला घटना-चक्र उनसे शान्तिमय एकान्त, एकान्तमय शान्ति ठीक उसी समय छीन लेता था जब वह सुलभ हो गया जान पड़ता था, और हिमालय की गोद से छीनकर शोर और विकारों से भरे संसार में ला फेंकता था। कष्ट और थकान के ऊपर इस मानसिक दबाव के कारण वह दो बार बहुत बीमार हो गए—एक बार श्रीनगर में और एक बार मेरठ में गंगा के किनारे। डिफ्थीरिया से मरते-मरते बचे।

इससे शरीर और भी जर्जर हो गया और उनकी महान् एकान्त यात्रा और भी कठिन हो गयी।

लेकिन अन्त में वह यात्रा पूरी हुई। अगर उन्हें मरना ही होगा तो वह पथ पर मरेंगे, और अपने पथ पर—ईश्वर द्वारा उन्हें दिखाए हुए पथ पर! फरवरी १८९१ में बंधुओं के आग्रह के बावजूद वह दिल्ली से चल पड़े—अकेले। यही उनका अभिनिष्क्रमण था। एक गोताखोर की तरह वह भारत रूपी महा-समुद्र में कूद पड़े, उस महासमुद्र की लहरें उनके ऊपर फिर मिल गयीं और वह खो गए। उस विशाल समुद्र पर ऊब-डूब करते असंख्य प्रकार के द्रवों में वह भी एक हो गए— हजारों संन्यासियों में एक और नामहीन संन्यासी। लेकिन प्रतिभा की आग उनकी आँखों में धधकती रही थी। किसी भी भेष में थे वह राजपुरुष ही।

भारत का तीर्थयात्री

दो वर्ष भारत भर में और अनन्तर तीन वर्ष (क्या यह योजना उनके मन में थी?) विश्व भर में उनका परिभ्रमण, उनकी स्वतंत्र स्वाभाविक चेतना और सेवा-भावना का सहज ही यथेष्ट पूरक सिद्ध हुआ। वह घर-समाज के बंधन से मुक्त, स्वच्छंद, ईश्वर के साथ निरंतर अकेले घूमते रहे। उनके जीवन का कोई क्षण ऐसा न था जिसमें उन्होंने ग्राम में, नगर में, धनी के, निर्धन के जीवन-स्पन्दन की वेदना, लालसा, कुत्सा और पीड़ा से साक्षात न किया हो; वह जन के जीवन से एकाकार हो गए, जीवन के महाग्रन्थ में उन्हें वह मिला जो पुस्तकालय की समस्त पोथियों में नहीं मिला था, (क्योंकि अन्ततः वे संकलित ही होती हैं) और जिसका रामकृष्ण की प्रखर करुणा भी केवल स्वप्न-सा धुँधला दर्शन कर पायी थी—वह, वर्तमान का व्यथित आनन, मनुष्य में संघर्षरत ईश्वर, भारत के और संसार के जन की त्राहि-त्राहि और एक नये ईडिपस का वीरोचित दायित्व जिसे थीवेस को सिंहासुर के पंजे से मुक्त कराना था और न करा सके तो उसी के संग नष्ट हो जाना था।

पथचारी शिक्षाथी के रूप में कैसी अद्वितीय शिक्षा उनको मिली!·····वह अस्तबल में या भिखारी-टोले में सो रहने वाले जगत्-बन्धु ही नहीं थे, वह समदर्शी ···थे; आज अछूतों के आश्रय में पड़े तिरस्कृत मँगते हैं तो कल राजकुमारों के मेहमान हैं, प्रधानमन्त्रियों और महाराजाओं से बराबरी पर बात कर रहे हैं, कभी दीनबन्धु रूप में पीड़ितों की पीड़ा को समर्पित हो रहे हैं, तो कभी श्रेष्ठियों के ऐश्वर्य को चुनौती दे रहे हैं और उनके निर्मम मानस में दुखी जन के लिए ममता जगा रहे हैं। पंडितों की विद्या से भी उनका परिचय था और औद्योगिक एवं ग्रामीण अर्थव्यवस्था की उन समस्याओं से भी, जो जनजीवन की नियामक हैं। वह निरन्तर सीख रहे थे, सिखा रहे थे और अपने को धीरे-धीरे भारत की आत्मा, उसकी एकता और उसकी नियति का प्रतीक बनाते जा रहे थे। ये तत्व उनमें समाहित थे और सारे संसार ने इनके दर्शन विवेकानन्द में किये।

उनका यात्रा पथ उन्हें राजपूताना, अलवर (फरवरी-मार्च १८९१), जयपुर, अजमेर, खेतरी, अहमदाबाद और काठियावाड़ (सितम्बर के अन्तिम दिन), जूनागढ़ और गुजरात, पोरबन्दर (८-९ महीने का प्रवास), द्वारिका, पालिताना (खम्भात की खाड़ी से सटा मन्दिर-बहुल नगर), रियासत बड़ौदा, खँडवा, बंबई, पूना, बेलगाम (अक्टूबर १८९२), बँगलौर, कोचीन, मलावार, रियासत विरुवांकुर, तिरुअनन्तपुरम्,

मदुरा—ले गया। उन्होंने विराट भारतीय अन्तरीप का अन्तिम छोर छू लिया, जहाँ दक्षिण का वाराणसी, रामायण का रोम, रामेश्वरम् हैं और फिर उसके भी आगे कन्याकुमारी की समाधि तक वह चलते गए (१८९२ के अन्तिम दिन)।

उत्तर से दक्षिण तक भारत की प्राचीन भूमि पर देव-देवता बिखरे पड़े थे, किन्तु उसकी असंख्य भुजाओं की अभेद्य परिधि केवल एक ईश्वर की प्रतीक थी। विवेकानन्द ने प्राण और मूर्ति की अनन्यता को समझा। उन्होंने इसे समझा सवर्ण और वर्णहीन सभी प्राणियों से प्रत्यालाप करके और यही नहीं, उन्हें भी इसे समझना सिखाया। उन्होंने एक से दूसरे तक परस्पर सद्‌भाव का संदेश पहुँचाया—अविश्वासी आत्माओं को, अमूर्त में आसक्त बौद्धिकों को उन्होंने प्रतिमाओं और देव-मूर्तियों का आदर सिखाया, युवकों को वेद, पुराण आदि प्राचीन गौरव ग्रन्थों का और इससे भी अधिक आज के जनसमाज का अध्ययन करना सिखाया और सभी को उन्होंने सिखाया, संपूर्ण श्रद्धा से भारतमाता के उद्धार के लिए आत्मोत्सर्ग करने का आनन्द।

उन्होंने जितना दिया उससे कम नहीं पाया। उनकी विराट आत्मा ज्ञान और अनुभव की खोज में एक दिन भी थककर रुकी नहीं और उसने भारत की मिट्टी में बिखरी, छिपी समस्त विचारधाराओं को धारण किया, क्योंकि उसने जान लिया था कि उन सबका उद्‌गम एक है। एक ओर खड़े पानी के दुर्गन्ध कीच में लिप्त पुराण-पंथियों की अन्धी श्रद्धा से और दूसरी ओर अज्ञात शक्ति के रहस्यमय स्रोत को, अनजाने ही, अवरुद्ध करने में संलग्र ब्राह्मसमाजी सुधारकों की पथभ्रष्ट वैज्ञानिकता से, वह एक समान दूर रहना चाहते थे। विवेकानन्द चाहते थे कि धर्मप्राण भारत देश की विविध धाराओं के इस मिले-जुले सरोवर को उलीचकर परिष्कार कर डालें, जो रखने योग्य हो उसे रखें।

इतना ही नहीं वह कुछ और भी चाहते थे। वह जहाँ जाते 'द इमिटेशन ऑफ क्राइस्ट' अपने साथ रखते, भगवद्‌गीता के साथ-साथ ईसा के विचार भी प्रचारित करते, और युवकों से वह आग्रह करते कि पश्चिम के विज्ञान का अध्ययन करें।

किन्तु ऐसा नहीं कि उनका मानसिक विकास विचार-जगत् में ही हो रहा था। मनुष्य के और मनुष्य से अपने सम्बन्ध के प्रति उनकी नैतिक दृष्टि में क्रान्तिकारी परिवर्तन हुआ। एक स्वाभिमानी तरुण हृदय के बौद्धिक अहंकार की, अपनी मान्यता से घटिया हर वस्तु के आभिजात्य अस्वीकार की प्रतिभा थे, नरेन्द्र :

"बीस वर्ष का था (ये उन्हीं के शब्द हैं) तो मैं घोर असहिष्णु, अनुदार, कट्टरपन्थी था; तब कलकत्ते में सड़क के जिस ओर थियेटर हो उस ओर की पटरी पर मैं चल भी नहीं सकता था।"

अपने तीर्थाटन के प्रारम्भिक दिनों में जब वह जयपुर के निकट खेत्री के महाराज के पास थे, एक सामान्य नर्तकी ने अनजाने ही उन्हें विनम्रता का पाठ पढ़ा दिया। वह

आयी तो तिरस्कार से उठकर युवक भिक्षु जाने लगा। महाराज के अनुरोध पर वह रुका ही था कि नर्तकी बाला ने गाया :

प्रभु मेरे अवगुन चित्त न धरो
समदरसी है नाँव तिहारो…

नरेन्द्र विह्वल हो उठे। भजन में जो आस्था का स्वर था वह उन पर जीवन भर के लिए छा गया; अनेक वर्ष बाद भी वह भावविभोर होकर इस भजन का स्मरण करते रहे।

एक-एक करके उनके पूर्वाग्रह लोप होते गये—वे भी न बचे जिनकी जड़ें वह गहरी समझते थे। हिमालय में वह तिब्बती जातियों के मध्य रहे जिनमें बहुपति-प्रथा प्रचलित है। वह जिस परिवार के अतिथि थे उसमें छः भाइयों की एक पत्नी थी, और अपने नये जोश में उन्होंने इस अनैतिकता का बोध कराना चाहा। परन्तु वे भाई तो इनका उपदेश सुनकर स्तब्ध रह गये। "यह कैसी स्वार्थपरता है" वे बोले "कि एक स्त्री पर अकेले एक पुरुष अधिकार जमा रखे।"

तब विवेकानन्द ने सदाचार की सापेक्ष्यता समझी—कम से कम उस सदाचार की जो परम्परा ने सबसे अधिक स्वीकार किया है। उन्होंने जाना कि किसी जाति के या किसी युग के पाप-पुण्य की परख करते समय उस जाति या युग के प्रतिमानों के अनुसार ही अपनी नैतिक मान्यताओं को उदार कर लेना होता है।

उन्होंने निकृष्टतम जाति के चोर-उचक्कों की संगत को बटमारों में भी 'ऐसे पापियों के दर्शन किये जो चाहते तो सन्त हो सकते थे।'

सर्वत्र उन्होंने दलित वर्गों के दैन्य और अपमान में हिस्सा बटाया। मध्य भारत में वह अछूत भंगियों के एक परिवार में रहे। ऐसे तुच्छ लोगों में, जो समाज के पैरों की धूल समझे जाते हैं, उन्हें आध्यात्मिक वैभव छिपा दिखायी दिया, तो भी उनकी विवशता देखकर उनका मन घुटता भी रहा। वह उनके लिए असह्य थी। यह समाचार पढ़कर कि कलकत्ते में एक आदमी भूख से मर गया, उन्होंने अश्रुविगलित स्वर में पुकारा था, 'मेरा देश—मेरा देश' छाती पीटते हुए उन्होंने अपने से प्रश्न किया था "हमने धर्मात्मा प्राणी कहे जाने वाले हम संन्यासियों ने जनता के लिए क्या किया है?"

उन्होंने रामकृष्ण के इन रूखे शब्दों का स्मरण किया, "धर्म खाली पेट लोगों के लिए नहीं है" और आत्मनिष्ठ धर्म के बौद्धिक कल्पना-विलास से ऊबकर उन्होंने धर्म का पहला कर्तव्य स्थिर किया—"दरिद्र-जन की सेवा और उनका उद्धार।" उन्होंने धनाढ्यों, राज्याधिकारियों और राजकुमारों को इस कर्तव्य का ज्ञान दिया : "क्या आप में से एक भी ऐसा नहीं जो पर-सेवा में जीवनार्पण कर सके? वेदान्त-पाठ और चिन्तन-मनन फिर कर लेना, यह शरीर सेवा में समर्पित कर दो। तभी मैं समझूँगा कि तुम्हारा हमारे पास आना सार्थक हुआ।"

और एक दिन उनके विगलित कण्ठ से यह उदात्त स्वर फूटा, ''यदि अपने एक मात्र भगवान् और परमात्मा और ईश्वर, दरिद्र पीड़ित निर्धन मनुष्य की आराधना के लिए मुझे बार-बार जन्म लेकर सहस्राधिक यातनाएँ भोगनी पड़ें तो निश्चय ही भोगूँगा—''

उस समय, १८९२ में, भारत दुर्दशा उनके सम्मुख प्रत्यक्ष थी और उनका मन इतना विचलित हो उठा था कि और कुछ देखने की उन्हें इच्छा न रह गयी थी। वह चिन्ता उनके पीछे हरिण के पीछे व्याघ्र-सी लगी-लगी उत्तर से दक्षिण तक उनकी यात्रा में निरन्तर साथ चली। उसने उनकी नींद हर ली। कन्याकुमारी में उसने पूर्णतया ग्रस ही लिया। वहीं उन्होंने अपने को तन-मन से समर्पित कर आर्त-जन-समुदाय की आजीवन सेवा का व्रत ले लिया।

पर कैसे होती वह सेवा? उनके पास धन नहीं था और समय बीता जा रहा था, एक दो महाराजाओं से अनुदान लेकर या हितैषियों के अनेक समुदायों का पत्र-पुष्प स्वीकार कर जितना भी संचय होता वह अभीष्ट कार्यों के सहस्रांश के लिये ही यथेष्ट होता। उन्होंने देखा कि जब तक भारत नींद से जागेगा और सर्वकल्याण के लिए अपने को संगठित करेगा तब तक तो उसका सर्वनाश हो चुका होगा। यह जानकर उन्होंने समुद्र पार दृष्टि स्थिर की—देशांतर की ओर उन्होंने देखा। समस्त संसार को पुकारना ही होगा। सकल विश्व को भारत की आवश्यकता है। भारत का जीवन, भारत की मृत्यु उसकी भी चिंता है। क्या भारत का अक्षय आध्यात्मिक वैभव भी वैसे ही विलुप्त हो जाने दिया जायेगा जैसे—मिस्र और कैल्डी आदि अनेक का हुआ—जिन्हें कालांतर में मनुष्य ने अपने उद्यम से फिर खोज अवश्य निकाला पर तब बचा ही क्या था? केवल खण्डहर; आत्मा सदा के लिये मर चुकी थी। हमारे एकाकी विचारक के मन में यूरोप और अमेरिका के प्रति भारत का भावी संदेश रूप ग्रहण करने लगा।

सम्भवतया १८९१ के अन्त में जूनागढ़ और पोरबन्दर के मध्य कहीं उन्हें पहली बार इसकी प्रेरणा हुई। पोरबन्दर में, जहाँ उन्होंने फ्रांसीसी भाषा का अध्ययन आरम्भ किया था, एक पंडित ने उन्हें परामर्श दिया कि वह पश्चिम को जायें, उनके विचार अपने देश की अपेक्षा वहाँ अधिक समझे जायेंगे। 'जाओ और पश्चिम को आप्लावित करके आओ।' १८९२ के शिशिर में खंडवा में उन्होंने सुना कि अगले वर्ष शिकागो में एक सर्व-धर्म-सम्मेलन होगा और सुनते ही उसमें सम्मिलित होने की इच्छा उनके मन में प्रबल हो उठी। पर वह अपनी इस इच्छा की पूर्ति के लिये स्वयं कोई प्रयत्न करने के पक्ष में न थे; इस उद्देश्य की पूर्ति के लिये दान लेना भी उन्होंने यह कहकर अस्वीकार कर दिया कि पहले उन्हें भारत-यात्रा का अपना संकल्प पूरा करना है। बँगलौर में अक्टूबर के अन्तिम दिनों में उन्होंने महाराज से अपना स्पष्ट अभिमत प्रकट किया कि वह पश्चिम से भारत की विपन्नता दूर करने के साधन माँगना चाहते हैं। बदले में वह

उसे वेदान्त का सन्देश दे सकेंगे। १८९२ के अन्त में वह इस विषय में कृतसंकल्प हो गये।

तब वह भारत देश के धुर दक्षिण में उस स्थल पर थे जहाँ से हनुमान ने समुद्र लंघन किया था। परन्तु विवेकानन्द तो मानव प्राणी थे जैसे हम-आप हैं, देवताओं की स्पर्द्धा नहीं कर सकते थे। उन्होंने भारत की विशाल भूमि पाँव-पाँव नापी थी। दो वर्ष तक उनकी देह मातृभूमि की विराट काया का निरन्तर स्पर्श करती रही थी : वह क्षुधा और तृष्णा, जिघांसु-प्रकृति और असभ्य मनुष्य सभी को सहते रहे थे।

जब वह कन्याकुमारी आये तो क्लान्त हो चुके थे; पर अपनी यात्रा के अन्तिम चरण तक पहुँचने के लिए नाव का किराया पास न था, इससे समुद्र में कूद पड़े और शार्कों से भरे जलडमरूमध्य को तैरकर पार कर गये। अन्ततः यात्रा शेष हो रही थी : पीछे घूमकर उन्होंने ऐसे देखा जैसे पहाड़ की चोटी से देखते हैं और एक बार समस्त भारतभूमि को एवं अपने भ्रमण के अनुभव के सार तत्व को मानो अंक में समेट लिया। दो वर्ष तक वह मानो एक उत्तप्त कुण्ड में अपनी ही ऊष्मा से दग्ध होते रहे थे, उनकी, अन्तरात्मा में ज्वाला-सी जल रही थी, वह झंझा के समान व्यग्र हो रहे थे, जल-समाधि का दण्ड पाने वाले अपराधी की भाँति उन्होंने अपने को अपनी ही संचित शक्ति के सागर में डूबते पाया, उनका सारा अस्तित्व उस शक्ति के वेग से चूर-चूर हुआ जा रहा था और जब वह सामने विस्तृत सकल विश्व की शोभा निहारते हुए उस स्तम्भ की छत पर आ खड़े हुए जिस पर वह धरती के अन्तिम छोर पर आकर चढ़े थे तो धमनियों में रक्त पाँव पखारते सागर की भाँति लहरें मार रहा था। वह खड़े नहीं रह सके। देवताओं की दैवी शक्ति उन्हें आन्दोलित कर रही थी। यह उनका पहला मोर्चा था और इसमें वह विजयी हुए थे, उन्होंने अपना पथ पहचान लिया था। उनका लक्ष्य उनके मन में निश्चित हो गया था।

तैरकर वह भारत के तट पर फिर आ गये और उत्तर को चले। रामनद और पांडिचेरी होते हुए पैदल वह मद्रास पहुँचे और वहीं, १८९३ के प्रथमांश में उन्होंने पश्चिम की यात्रा करने की इच्छा सार्वजनिक रूप से प्रकट की। न चाहते हुए भी उनकी कीर्ति विदेशों में व्याप्त हो चुकी थी, मद्रास के बौद्धिक और जीवन नगर में, जहाँ वह दो बार ठहरे, श्रोताओं ने उन्हें घेर लिया : मद्रास में ही उन्होंने अपने श्रद्धालु शिष्यों की पहली गोष्ठी संगठित की; ये अपने गुरु के प्रति पूर्णतः समर्पित थे और अन्त तक उनके साथ रहे : वे गुरु के प्रस्थान के बाद पत्रों द्वारा प्रीति सम्बन्ध बनाये रहे और गुरु दूर देशों में रहकर भी उनको दिशा निर्देश करते रहे। गुरु के उत्कृष्ट देश-प्रेम की प्रतिध्वनि शिष्यों के हृदय में गूँजी और शिष्यों के उत्साह ने गुरु की आस्था को दस गुना प्रबल कर दिया। उन्होंने सब प्रकार के आत्मनिर्वाण के विरुद्ध अपना वक्तव्य दिया। वास्तव में जननिर्वाण की साधना करनी होगी, मातृभूमि का पुनरुद्धार, भारत की आध्यात्मिक शक्ति

का संजीवन और उसका निखिल विश्व में विस्तार अपना लक्ष्य बनाना होगा····।

''समय आ गया है। ऋषियों का धर्म आज नयी तेजस्विता ग्रहण करेगा। उसे अपने गह्वर से बाहर आना ही होगा।''

राजाओं और महाजनों ने उन्हें विदेश यात्रा के लिए आर्थिक सहायता देनी चाही, पर यह उन्होंने अस्वीकार कर दी। चन्दा जमा करने वाले शिष्यों से उन्होंने कहा, ''मैं जनता का, निर्धनों का प्रतिनिधि होकर जा रहा हूँ'', इसलिए मुझे मध्यवित्त जनों से ही सहायता लेना उचित होगा।

अपने तीर्थाटन के समान इस सुदीर्घ यात्रा के आरम्भ में भी उन्होंने श्री माँ (रामकृष्ण की अर्द्धांगिनी) का आशीर्वाद माँगा और उन्होंने दिया; अपना ही नहीं रामकृष्ण का भी दिया; जो वह अपने प्रिय शिष्य के लिए श्री माँ को स्वप्न में दे गए थे।

ऐसा नहीं प्रकट होता कि उन्होंने बड़नगर के अपने आध्यात्मिक बन्धुओं को सूचित किया था। (निश्चय ही उन्होंने सोचा होगा कि गृहस्थ सुख से तृप्त इनकी ध्यानावस्थ आत्माएँ समाज-सेवा और विलायत में प्रचारकार्य के नाम से भयभीत हो उठेंगी। ऐसे विचार उन आत्माओं की पवित्र निस्तब्धता भंग कर दिया करते हैं जो दूसरों की नहीं अपनी ही मुक्ति के लिए लालायित रहती हैं) परन्तु संयोगवश, प्रस्थान के एक दिन पहले बम्बई के निकट आबू रोड स्टेशन पर उनकी भेंट अभयानन्द और सूर्यानन्द से हो गयी और इनसे दुखी भारत के अकाट्य आदेश का जो विह्वल वर्णन उन्होंने किया उनकी प्रतिक्रिया बड़नगर में भी जाकर हुई।

''मैं समस्त भारत की प्रदक्षिणा कर चुका हूँ—मेरे बन्धु, अपनी आँखों से जनसमुदाय की भयंकर दरिद्रता और पीड़ा देखने की वेदना मैंने अनुभव की है, आँसू सम्हाल नहीं सका हूँ मैं, अब मैं दृढ़ता से कह सकता हूँ कि उस जनसमुदाय का क्लेश, उसका काठिन्य दूर करने का यत्न किये बिना उसको धर्म-शिक्षा देना सर्वथा व्यर्थ है। इसी कारण—भारत के दरिद्रजनों की मुक्ति का साधन जुटाने मैं अब अमरीका जा रहा हूँ।''

वह खेत्री गये; वहाँ के महाराज ने, जो उनके मित्र थे, अपने दीवान को उनके साथ किया और बम्बई पहुँचकर वह अमरीका के लिए जहाज में सवार हो गए। प्रस्थान के समय उन्होंने लाल रेशमी अँगरखे और गेरुई पगड़ी के साथ-साथ विवेकानन्द नाम भी धारण किया। इसी नाम से उन्हें विश्व में विख्यात होना था।

एक महान् पश्चिम-यात्रा और सर्वधर्म सम्मेलन

यह यात्रा निस्संदेह अद्‌भुत थी। युवक स्वामी आँख मूँदकर बस एक ओर चल पड़े थे। उन्होंने इतना सुन रखा था कि किसी दिन किसी जगह अमरीका में एक सर्वधर्म संसद का अधिवेशन होगा और उसमें भाग लेने का निश्चय कर लिया था परन्तु उन्होंने, उनके शिष्यों ने या किसी ने भी उसके विषय में और कुछ जानने का कष्ट नहीं उठाया था। विवेकानन्द को न तो संसद की निश्चित तिथि का पता था न उसमें प्रवेश की विधि का। वह अपने साथ एक प्रमाण-पत्र तक नहीं ले गये थे। वह पूर्ण आश्वस्त भाव से सीधे चल पड़े थे—मानो ईश्वर की इच्छा के अनुसार ठीक समय पर जाकर उपस्थित हो जाना ही यथेष्ट होगा। खेत्री-नरेश ने उनका टिकट तो ले दिया था और बहुत मना करने पर भी एक सुन्दर अँगरखा दिलवा दिया था जिसने अनन्तर अमरीकी ठलुओं को उनकी वाक्‌शक्ति के मुकाबले में कुछ कम मुग्ध नहीं किया, परन्तु उन्हें या किसी और को ही सही जलवायु एवं रीति-रिवाज के विषय में कुछ सूझा ही न था; फलतः भारतीय साज-सज्जा के वैचित्र्य से युक्त विवेकानन्द कनाडा पहुँचते न पहुँचते जहाज में ठंड के मारे जम ही गये।

३१ मई, १८९३ को बम्बई से रवाना होकर वह श्रीलंका, पेनंग, सिंगापुर, हांगकांग होते हुए कैंटन और फिर नागासाकी गये। वहाँ से ओसाका, क्योटो और टोकियो द्वारा थलमार्ग से योकोहामा पहुँचे। चीन और जापान में हर स्थल पर उन्होंने ऐसे प्रमाण संकलित किये जो उनकी यह मान्यता पुष्ट करते हों कि प्राचीन भारत का पूर्वी साम्राज्यों पर धार्मिक प्रभाव था और यह कि सारे एशिया में एक आन्तरिक आध्यात्मिक एकता है। पर अपने पीड़ित देश की व्याधियों का ध्यान उनके मन से कभी नहीं हटा और जापान की समृद्धि देखकर तो कहना चाहिये कि घाव फिर हरा हो गया।

योकोहामा से वह वैंकूवर गये और वहाँ से रेलगाड़ी द्वारा जुलाई के मध्य में, बदहवास, शिकागो पहुँचे। उनके सारे रास्ते पर उनके नुचे हुए पंख बिखरे पड़े थे क्योंकि ठगों ने उन्हें चुन-चुनकर लूटा था; वह ऐसा शिकार थे जो दूर से ही पहचान में आ जाता है। पहले तो एक वयस्क बच्चे की तरह आँखें फाड़े, मुँह बाये वह विश्व मेला अर्थात् शिकागो की अन्तर्राष्ट्रीय-प्रदर्शनी में घूमते रहे। हर वस्तु उनके लिए नयी थी और उन्हें एक साथ चकित और अवाक् कर जाती थी। पश्चिमी जगत की आविष्कार-प्रतिभा की, समृद्धि की, शक्ति की उन्होंने कभी कल्पना ही नहीं की थी।

टैगोर या गाँधी की अपेक्षा, जिन्हें विक्षिप्त गति और कोलाहल से भरी समस्त यूरोपीय-अमरीकी (विशेषतया अमरीकी) यान्त्रिकता क्लान्त कर डालती थी, विवेकानन्द अधिक बलवती प्राण-शक्ति से सम्पन्न तथा अधिक पौरुषप्रिय थे, इसलिए कम-से-कम आरम्भ में तो वह इन दोनों से संगति रख सके; उसके उत्तेजक आकर्षण को उन्होंने शिशुवत् स्वीकार कर लिया और उनका मन असीम प्रशंसाभाव से भर गया। बारह दिन तक उनकी उत्सुक आँखें इस नयी दुनिया को सराहती रहीं। शिकागो आगमन के कुछ दिन पश्चात् अन्ततः जब उन्होंने सम्मेलन के सूचना कार्यालय में जाने की आवश्यकता समझी तो कैसा दुर्भाग्य! उन्हें पता चला कि सम्मेलन सितम्बर के प्रथम सप्ताह के पहले आरम्भ न होगा और यह भी कि प्रतिनिधियों में नाम लिखाने का समय बीत चुका है, यही नहीं, यह भी कि कोई नाम विधिवत् परिचय-पत्र के बिना दर्ज न किया जायेगा। परिचय-पत्र तो उनके पास एक भी न था, वह अजनबी थे, किसी मान्य दल से प्रमाणित नहीं थे और उनकी झोली रिक्तप्राय थी, उसके बूते सम्मेलन आरम्भ होने तक ठहरना सम्भव न था—वह विचलित हो उठे। उन्होंने मद्रास से अपने शिष्यों को तार देकर सहायता माँगी और एक प्रामाणिक धर्म सभा से आवेदन किया कि उन्हें अनुदान दे दे। परन्तु प्रामाणिक संस्थाएँ किसी के स्वतन्त्रचेता होने का अपराध क्षमा नहीं किया करतीं। सभा के अध्यक्ष ने उत्तर भेजा :

''दुष्ट को ठंड खाकर मर जाने दो।''

दुष्ट न तो मरा न उसने हार मानी। वह प्रारब्ध पर टूट पड़ा और बचे-खुचे अपने डालर चुपचाप बचा रखने के बजाय वह उन्हें खर्चकर बोस्टन हो आया। भाग्य ने सहायता की। भाग्य सदा उनकी सहायता करता है जो अपनी सहायता करना जानते हैं। विवेकानन्द कभी अलक्षित तो रहे ही नहीं थे, अपरिचित को भी वह आकृष्ट करते थे। बोस्टन की 'रेलगाड़ी में उनकी आकृति और वाणी ने सहयात्री एक धनाढ्य मैसाचुसेट्सवासिनी महिला को आकृष्ट किया और वार्तालाप के बाद उससे प्रभावित होकर वह उन्हें अपने घर ले गयी और वहाँ यूनान विद्याविद् हार्वर्ड के अध्यापक जे० एच० राइट से उनका परिचय कराया। यह सज्जन इस हिन्दू युवक की प्रतिभा पर मुग्ध होकर सर्वथा उसके वशंवद हो गये; उनका आग्रह था कि विवेकानन्द सर्वधर्म सम्मेलन में हिन्दुत्व का प्रतिनिधित्व करें और उन्होंने समिति के अध्यक्ष को इस विषय में पत्र लिखा। उन्होंने हमारे फाकामस्त यायावर को शिकागो तक का रेल-टिकट ले दिया और समिति के नाम सिफारिशी पत्र भी लिख दिया कि रहने का स्थान मिल जाये। संक्षेप में, उनकी सारी बाधाएँ दूर हो गयीं।

विवेकानन्द शिकागो लौट आए। रेल विलम्ब से आई थी और समिति का पता खोकर युवक यात्री कुछ समझ न पा रहा था कि कहाँ जाये। अश्वेत व्यक्ति को कौन राह बताता । स्टेशन के एक कोने में एक बड़ा-सा खाली बक्स पड़ा देखकर वह उसी

में सो रहा। सवेरे राह खोजने निकला—संन्यासी के अनुरूप द्वार-द्वार भिक्षा माँगता हुआ, पर वह ऐसे नगर में था जहाँ लोग पैसा कमाने के हजार तरीके जानते हैं, एक ही नहीं जानते—वह जो सन्त फ्रासिए का था—राम भरोसे भटकना। कुछ घरों से तो उसे डपटकर भगाया गया—कुछ में नौकरों ने प्रताड़ित किया और कहीं-कहीं तो उन्हें देखते ही दरवाजा भेड़ दिया गया। बहुत देर भटककर थककर वह सड़क के किनारे बैठे रहे। सामने की खिड़की से किसी ने उन्हें देखा और पूछा कि क्या आप सर्वधर्म सम्मेलन में प्रतिनिधि होकर आए हैं। उन्हें भीतर बुलाया गया और इस होनी ने उन्हें ऐसा एक व्यक्ति दिया जो अनन्तर उनके अमरीकी अनुयायियों में सबसे अधिक गुरुभक्त सिद्ध हुआ। जब वह विश्राम कर चुके तो गृहस्वामी उन्हें सम्मेलन ले गये। वहाँ उन्हें सहर्ष प्रतिनिधि के रूप में स्वीकार किया गया और यह सम्मेलन के अन्य प्राच्य प्रतिनिधियों के साथ ठहरा दिये गये।

उनकी साहसिक यात्रा का अकाल अन्त तो होते-होते रह गया था, परन्तु उन्हें अभी सुस्ताने भर का समय मिला था, ठहरने का नहीं। कर्म उन्हें पुकार रहा था, जो कुछ दुर्भाग्यवश होना था वह हो चुका था और अब संकल्प की बेला आ गयी थी।

कल जो एक अजनबी था, फकीर था, जो अश्वेत होने के कारण उस भीड़ द्वारा उपेक्षित हुआ था जिसमें दुनिया के कम से कम आधे दर्जन रक्त मिले हुए हैं—वह नजर उठाते ही अपनी प्रतिभा का सिक्का जमा देने के लिए सामने आ गया था।

सोमवार ११ सितम्बर, १८९३ को सम्मेलन का पहला अधिवेशन आरम्भ हुआ। मध्य में बैठे हुए थे कार्डिनल गिब्बस! उनके दायें-बायें प्राच्य प्रतिनिधि प्रतिष्ठित थे श्री प्रतापचन्द्र मजूमदार; ब्राह्मसमाज के अध्यक्ष और विवेकानन्द के पुराने मित्र, यह बम्बई के श्री नागरकर के साथ यहाँ भारतीय ईश्वरवादियों का प्रतिनिधित्व कर रहे थे धर्मपाल, श्रीलंका के बौद्धों के प्रतिनिधि; गाँधी[१] जैनों के प्रतिनिधि; चक्रवर्ती, जो एनीबेसेंट के साथ-साथ थियोसोफिकल सोसाइटी के प्रतिनिधि होकर आये थे। इन सबके मध्य एक युवक ही ऐसा था जो किसी का प्रतिनिधित्व नहीं करता था—और सब का करता था—जो किसी समुदाय का नहीं था, सम्पूर्ण भारत-देश का था। उस पर सभा में उपस्थित सहस्राधिक जनों की आँखें बार-बार आकर टिकती थीं। उसका मोहक मुखड़ा, ऊँचा कद और उसकी रहस्यमयी छवि को और प्रभावशाली बनाने वाला उसका भड़कीला परिधान, सब मिलकर उसका भावातिरेक अपने आवरण में छिपाये ले रहे थे, पर उसने कुछ नहीं छिपाया। आज पहली बार इस प्रकार की सभा के सम्मुख भाषण करने का विवेकानन्द को अवसर मिला था, और अन्य प्रतिनिधि एक-एक कर

---

१ **निस्संदेह यह हमारे मो० क० गाँधी नहीं थे। वह तो उस समय अफ्रीका में थे या पहुँचने वाले थे। वैसे उनके परिवार का घनिष्ठ सम्बन्ध जैनों से था ही और बहुत सम्भव है कि ये उनके कोई दूर के सम्बन्धी रहे हों।**

उपस्थित किये जाने पर संक्षेप में आत्म परिचय देते हुए वक्तृताधारा बहाते गये; विवेकानन्द ने अपनी बारी दिन के अन्त तक नहीं आने दी।

पर जब वह बोले तो उनकी वाणी में अग्नि का तेज था। नीरस व्याख्यानों के निर्जीव वातावरण में उसने श्रोता-समाज का चित्त आन्दोलित कर दिया। 'अमरीका के भाइयों और बहनो, यह सरल सम्बोधन भी वह पूरा न कर पाये थे कि सैकड़ों श्रोता खड़े होकर साधुवाद करने लगे। विवेकानन्द सोचने लगे—क्या यह मेरा ही साधुवाद है? निस्सन्देह सबसे पहले उन्होंने सम्मेलन का आडम्बरी बंधन तोड़ फेंका था और जनता से उस भाषा में बात की थी जिसकी उसे देर से प्रतीक्षा थी। फिर मौन छा गया, उन्होंने धर्मों में सबसे पुरातन, वैदिक संन्यासी धर्म की ओर से राष्ट्रों में नवीनतम राष्ट्र का संबोधन किया। उन्होंने हिन्दुत्व को सब धर्मों के उद्‌गम के रूप में प्रस्तुत किया जिसकी शिक्षा है, एक-दूसरे को समझो और स्वीकारो। उन्होंने धर्मग्रन्थों से दो सुन्दर उदाहरण दिये :

१—"जो भी मेरे पास आयेगा, चाहे किसी रूप में भी आये, मैं उसको मिलूँगा।"

२..."जो जन विविध मार्गों पर चलने का संघर्ष कर रहे हैं, सब अंततः मुझको ही प्राप्त होंगे।"

अन्य सभी वक्ताओं ने अपने ईश्वर की बात की थी, अपने सम्प्रदाय के ईश्वर की। केवल विवेकानन्द ने उन सभी के ईश्वर का स्मरण किया और उन सबको एक सर्वशक्तिमान सत्ता में सपुंजित कर दिया। यह रामकृष्ण की वाणी बोल रही थी—अपने महान् शिष्य के मुख से विस्तृत होती हुई सब विघ्न बाधाएँ तोड़कर फेंक रही थी। सर्वधर्म सम्मेलन ने युवक वक्ता का जय-जयकार किया।

आगामी दिनों में वह दस-बारह बार बोले। अखण्ड आस्था से प्रत्येक बार नये तर्क देकर उन्होंने उस विश्व धर्म की अपनी कल्पना का निरूपण किया जो देश-काल से परे है, बर्बरों की अन्धी अनुरक्ति से लेकर आधुनिक विज्ञान की विशालतम सृजनात्मक स्थापनाओं तक समस्त मानव जाति के आस्था-जगत को उन्होंने एकाकार कर दिया। उन्होंने इन सबका ऐसा अलौकिक समन्वय किया कि आशा की एक भी किरण बुझने न पायी, वरन् सभी अपनी प्रकृति के अनुसार विकसित और आलोकित होने लगीं।

उनकी कल्पना में मनुष्य में सन्निहित देवत्व और अनन्त विकास-शक्ति को छोड़कर और कोई मानने योग्य मत न था।

"इस कोटि का धर्म दो तो सकल राष्ट्र तुम्हारा अनुसरण करेंगे। अशोक की परिषद् बौद्ध मत की परिषद् थी; अकबर की परिषद् उद्देश्यपूरक भले ही रही हो, सभा-प्रसंग से अधिक कुछ न थी। यह अधिकार अमरीका को ही मिला कि वह भू-मण्डल के समस्त देशों को ईश्वर की सार्वभौमिकता का सन्देश दे।

"हिन्दुओं के ब्राह्मण, जोरास्तरों के आहुरा मजदा, बौद्धों के बुद्ध, यहूदियों के यहोवा, ईसाइयों के स्वर्गीय पिता आपको शक्ति दें—ईसाई को हिन्दू या बौद्ध बनाना अथवा हिन्दू या बौद्ध को ईसाई बनाना आवश्यक नहीं। परन्तु प्रत्येक को दूसरे की भावना आत्मसात करनी है और साथ ही अपना वैशिष्ट्य अक्षुण्ण रखते हुए अपने ही नियमों के अनुसार विकास करना है—सर्वधर्म सम्मेलन ने सिद्ध कर दिया है कि धार्मिकता, पवित्रता और सहिष्णुता विश्व के किसी एक मठ की बपौती नहीं है और प्रत्येक व्यवस्था ने उदारचरित्र अन्यतम नर एवं नारी उत्पन्न किये हैं—प्रत्येक धर्मपताका पर अब प्रतिरोध के स्थान पर अंकित होगा, 'लड़ो नहीं साथ दो' खण्डन नहीं—संगम, समन्वय और शांति—विग्रह नहीं।"

इन तेजयुक्त शब्दों का प्रभाव विलक्षण हुआ। सम्मेलन से अधिकृत प्रतिनिधियों को परे छोड़कर ये शब्द सर्वसाधारण को प्रेषित किये गये थे और इतर विचार जगत को उन्होंने आकृष्ट किया। विवेकानन्द की कीर्ति तत्क्षण देश-देशांतर में फैल गयी और भारत का भी इससे हित हुआ। अमरीकी समाचार-पत्रों ने उन्हें सर्वधर्म सम्मेलन के अनन्य महान् व्यक्तित्व के रूप में स्वीकार किया। "उनके विचार जानने के बाद अब हम समझने लगे हैं कि इस ज्ञानमय देश को मिशनरी भेजना कितनी मूर्खता है।'

सहज ही कल्पना की जा सकती है कि यह स्वीकारोक्ति ईसाई मिशनरियों के कानों को सुहायी नहीं और विवेकानन्द की सफलता ने उनमें कटु विद्वेष जगा दिया जिसके वश वह अत्यन्त पतित आक्रमणों का सहारा लेने से भी न चूके। कुछ हिन्दू प्रतिनिधियों की ईर्ष्या भी कुछ कम जागृत न हुई, क्योंकि उन्होंने देखा कि एक उपाधिहीन अज्ञात यायावर भिक्षु के सामने वह निस्तेज हो रहे हैं। थियोसोफी मत को विवेकानन्द ने बख्शा नहीं था, उसने विशेष रूप से कभी इन्हें क्षमा नहीं किया।

परन्तु कीर्ति के सूर्योदय की बेला में प्रज्वलित प्रकाश के सम्मुख छायाएँ लुप्त हो गयीं। विवेकानन्द आज के विशिष्ट पुरुष मान लिये गये।

अपनी इस विजय पर उन्होंने क्या किया? वह रोये। यायावर भिक्षु ने देखा कि ईश्वर के साथ उसका एकांत संलाप अब नहीं चलेगा। कोई सच्चा धर्मात्मा है, जिसे उनकी क्षति से सहानुभूति न हो? जो हुआ वह उन्होंने स्वयं चाहा था—या कहें कि किसी अज्ञात निर्देशक शक्ति ने उनसे चाहा था—परंतु अन्तरात्मा का एक और स्वर भी उनसे सदैव कहता रहा था, 'त्यागो, ईश्वर में रमो।' वह एक की पूर्ति दूसरे की आंशिक अवज्ञा किये बिना कर ही न सकते थे। अतएव इस तेजस्वी प्रतिभा-पुरुष में समय-समय पर होने वाले उद्वेलनों को, मन्थनों को और संवेदनों को, जो प्रकट अन्तर विरोधी किन्तु वास्तव में संगत थे, निस्संशय प्राणी तथा अन्य वे लोग कभी समझ ही न सकते थे जो एक अनन्य उद्देश्य लेकर चलते हैं, अपनी विपन्नता को भी अपने चरित्र का गुण बनाकर ओढ़ लेते हैं और आध्यात्मिक शांति के लिए दुष्कर और व्यथित

संघर्ष को या तो भ्रान्ति या प्रवंचना बताते हैं। विवेकानन्द ऐसी ही अभिन्न आलोचनाओं के शिकार थे और रहेंगे। इनका तिरस्कार करने का प्रयत्न उन्होंने आत्मसम्मान के मारे नहीं किया।

परन्तु उस समय विवेकानन्द की विकलता केवल उनके मन की ही उपज नहीं थी। वह तत्कालीन स्थिति से भी उत्पन्न हुई थी। सफलता के पूर्व की भाँति पश्चात् भी (बल्कि उससे कुछ अधिक ही) उनका कर्तव्य दुष्कर रहा। एक समय वह दारिद्र्य के आगे पराजित होते-होते बचे थे आज वह समृद्धि से अभिभूत होने का जोखिम उठा रहे थे। अमरीकी शानशौकत मानो उनके पीछे पड़ गई और उन्हें ऐश्वर्य एवं विलास के चोचलों से आप्लावित करने का भय दिखाने लगी। विवेकानन्द का तन-मन धनाधिक्य से असुख अनुभव करने लगा। रात को अपने शयनागार में लेटे-लेटे भूख से मरते हुए लोगों का ध्यान करते ही वह चीत्कार करके भूमि पर लोटने लगते। "माँ", वह कराह कर पुकारते "कीर्ति को लेकर मैं क्या करूँ, मेरे भाई तो अभावों के गर्त में पड़े हैं।"

अपने अभागे भारत की लक्ष्यसिद्धि के लिए और धनिक संरक्षकों के दासत्व से अपनी मुक्ति के लिए उन्होंने एक व्याख्यान समिति का यह प्रस्ताव स्वीकार कर लिया कि वह अमरीका का दौरा करें। पूर्व और मध्य-पश्चिम शिकागो, आयोवा द मों, सेंट लुई, मिनियापोलिस, डेट्रायट, बोस्टन, कैम्ब्रिज, बाल्टीमोर, वाशिंगटन, न्यूयार्क आदि स्थानों को जायें। पर इस उपाय में जोखिम था, अन्ततः यही सिद्ध भी हुआ। क्योंकि यह मानना ही मूर्खता थी कि इतर व्याख्यान कर्ताओं की भाँति वह भी अमरीकी नागरिक के मुँह के सामने धूप सुलगाकर वाह-वाही लूटने और डालर बटोरने जा रहे हैं।

तरुण अमरीकी गणतंत्र की दुर्दम शक्ति के प्रति उनमें पहले-पहल जो आकर्षण और आदर उपजा था, वह मन्द पड़ चुका था। उसकी क्रूरता, अमानुषिकता, क्षुद्रता, कट्टरता, प्रकाण्ड मूर्खता एवं दम्भी मूढ़ता के लिए विवेकानन्द के मन में सहसा घृणा जाग उठी। जो विचारशील हैं, आस्थावान हैं और जीवन को उस दृष्टि से नहीं देखते जिससे मानव-जाति का अवतंस यह राष्ट्र देखता है, उनके विषय में यह कितने निर्लज्ज आत्मविश्वास के साथ अपनी राय देता है...तब फिर उनका धैर्य चुक गया। उन्होंने कोई भय नहीं किया। वह हिंसा, लूट और विनाश के तत्वों से पूर्ण पश्चिमी सभ्यता के पापों और अपराधों की भर्त्सना करने लगे। एक बार उन्हें बोस्टन में अपने अत्यंत प्रिय एक धार्मिक विषय पर बोलना था, चलते-पुरजे, दुनियादार महाशयों का खोखला और बर्बर श्रोता समाज सामने देखकर उन्हें इतनी वितृष्णा हुई कि अपनी आत्मा का रहस्य उन्हें देने से इनकार करके हठात् उन्होंने विषयान्तर कर दिया; ऐसे-ऐसे गीदड़ और भेड़िये जिनका प्रतिनिधित्व करें उस सभ्यता को उन्होंने हन डाला, भयंकर हाय तोबा मची। सैकड़ों अशान्त श्रोता सभाभवन छोड़कर चल दिये और अखबारों ने लाल-पीली आँखें दिखायीं।

वह झूठी ईसाइयत और धार्मिक पाखण्ड से विशेषतया खिन्न थे : "आप जितनी चाहें शेखी बघारें पर तलवार के बिना आपकी ईसाइयत कहीं सफल हुई है? आपका धर्म ऐश्वर्य का लोभ दिखाकर प्रचारित किया जाता है। इस देश में मैंने जो कुछ सुना सब ढोंग है। यह सब समृद्धि—यही सब क्या ख्रीष्ट की देन है? जो ख्रीष्ट को पुकारते हैं क्या वे पैसा बटोरने के अतिरिक्त कुछ नहीं जानते? ख्रीष्ट तुम्हारे घर में एक ईंट भी तकिया लगाने योग्य न पायेंगे। तुम ईसाई नहीं हो। ख्रीष्ट की शरण में लौटो।"

इस विद्रूपमूलक शिक्षा के उत्तर में क्रोध का विस्फोट हुआ और उसी दिन से पादरियों की एक टोली उनका पीछा करने लगी। जहाँ वह जाते वहीं पीछे से वे पहुँचकर कुत्सा और निन्दा का प्रचार करते—यहाँ तक कि अमरीका और भारत में उनके चरित्र और जीवन की मनगढ़न्त कलंक-कथाएँ भी उन्होंने फैलायीं। कुछ प्रतिद्वन्द्वी समितियों के हिन्दू प्रतिनिधियों की हरकतें कम शर्मनाक न थीं, ये विवेकानन्द की कीर्ति से इतना चिढ़े हुए थे कि दुर्मति पादरियों की गढ़ी झूठी कहानियाँ स्वयं फैलाने से बाज न आए। ईसाई मिशनरियों ने ईर्ष्यालु हिन्दुओं के दिए अस्त्र का उपयोग करते हुए संन्यासी विवेकानन्द की भारत में इतने उत्साह से निन्दा आरम्भ की कि देखकर हँसी आती थी, क्योंकि उनकी आलोचना का विषय था—पुराणपंथी हिन्दू मत द्वारा निर्धारित नियमाचार का विवेकानन्द अमरीका में पालन नहीं कर रहे हैं। अपने भक्तों के हाथों उठे कुत्सा के इस ज्वार पर उतराती हुई कीच आतंकित शिष्यों के पत्रों द्वारा विवेकानन्द तक पहुँचने लगी। उन्होंने क्षुब्ध दृष्टि से उसे आते देखा और तिरस्कार से उसे वापस उन्हीं के मुँह पर फेंक मारा जो उसके स्रष्टा थे।

उनके एक अमरीकी शिष्य, स्वामी कृपानन्द ने अमरीका में उनकी छटपटाहट का स्मरण एक पत्र में यों किया है : "अर्द्धधार्मिक अपसृष्टियों की यह कोख जो अद्भुत के, रहस्यमय के, विचित्र के लिए एक अस्वस्थ कौतूहल के मारे मरी जा रही है, विवेकहीन सहज विश्वास ने जिसमें सैकड़ों समितियाँ पैदा कर दी हैं…" भूत-प्रेत, महात्मा, झूठे पैगम्बर आदि नाना प्रकार के बेमेल तत्वों की यह शरण-दात्री भूमि विवेकानन्द के लिए असह्य थी। उन्होंने अनुभव किया कि आरम्भ में ही उन्हें यह कूड़ा-कचरा साफ कर देना पड़ेगा।

उन्होंने अपने प्रारंभिक व्याख्यानों में भीड़ लगाने वाले निठल्ले मूर्खों और स्वार्थी बगुलों पर शैतान की फटकार बरसायी। तत्काल उनके पास प्रपंचबुद्धि चलते-पुरजे धार्मिक ढपोरशंखों के प्रस्ताव आने लगे; जिनमें कहीं सहयोग की इच्छा प्रकट की गयी थी और आश्वासन दिये गये थे तो कहीं धमकियाँ और घुड़कियाँ दी गयी थीं। उनके जैसे व्यक्ति पर इन सबका क्या प्रभाव हुआ होगा यह बताना आवश्यक नहीं। किसी का रत्ती भर आधिपत्य वह स्वीकार करना नहीं चाहते थे। एक सम्प्रदाय के साथ होकर दूसरे का विरोध करना उन्होंने हर तरह से अस्वीकार कर दिया और अपने-अपने स्वार्थ

से उनको इस्तेमाल करने के इच्छुक गठबन्धनों को प्रश्रय न देते हुए उन्होंने एक नहीं अनेक बार खुलेआम वाद-विवाद में पड़ने के अवसर का स्वागत किया।

अमरीका के प्रति न्याय के लिए यहाँ स्पष्ट कह देना आवश्यक है कि उनकी नैतिक दृढ़ता, सप्राण आदर्शवादिता और अखण्ड निष्ठा से आकृष्ट होकर चारों ओर से अन्यतम समर्थक और प्रशंसक आ जुटे, इन्हीं में से कुछ उनके आदि पाश्चात्य शिष्य और उनके मानव-पुनरुद्धार-कार्य के सर्वाधिक तत्पर माध्यम बने।

अमरीका में प्रवचन

उनके प्रवचनों का प्रारंभ होना था कि उनके संदेश के लिए आतुर नर-नारी उनके पास एकत्र होने लगे। विविध क्षेत्रों से ये आये थे। दरबारों से, विश्व-विद्यालयों से, सच्चे और शुद्ध ईसाई और सच्चे स्वतंत्रचेता एवं पदार्थवादी सभी आये। विवेकानन्द ने सविस्मय लक्ष्य किया—और यह आज भी हमारे विस्मय का कारण है—कि नवीन और प्राचीन के प्रतीक उस भूखण्ड में, जो भविष्य की आशा और आशंका से भरी एक अनन्त पहेली है, श्रेष्ठातिश्रेष्ठ और अधमाधम शक्तियाँ साथ-साथ उपस्थित हैं—सत्य की अदम्य जिज्ञासा और असत्य की अगाध लालसा, सम्पूर्ण असम्पृक्ति और स्वर्ण की पापिष्ठ उपासना, शिशुवत् सरलता और स्त्रियों जैसी वाचालता। अपने उग्र स्वभाव के वश सहसा उद्विग्न हो उठने वाले विवेकानन्द में इतनी महानता भी थी कि वे सहानुभूति और विरक्ति के मध्य सन्तुलन रख सके, उन्होंने आंग्ल-सैक्सन अमरीका की सत्यवृत्तियों तथा आन्तरिक शक्तियों को सर्वदा मान्यता दी।

इस धरती पर उनके द्वारा आरंभ कार्य जितने दीर्घजीवी हुए उतने यूरोप में कहीं नहीं हुए। परन्तु यह भी सत्य है कि उन्हें अपनी आधार-भूमि इतनी स्थिर और कहीं नहीं प्रतीत हुई जितनी अनन्तर इंगलिस्तान में हुई।

परन्तु नये अमरीका में श्रेष्ठ कुछ भी ऐसा न था जिसे उन्होंने आदर न दिया हो, समझने का प्रयत्न न किया हो और जिसे अपने सहकर्मियों के सम्मुख अनुकरणीय आदर्श के रूप में प्रस्तुत न किया हो—जैसे आर्थिक-नीति, औद्योगिक संगठन, शिक्षा-व्यवस्था, संग्रहालय और कलाभवन, विज्ञान की प्रगति, आरोग्य संस्थाएँ और समाज-कल्याण। अपने देश के निर्मम समाज की तुलना जब वह अमरीका में समाज-कल्याण के विराट् आयोजन से और सार्वजनीन हित के लिए होने वाले उन्मुक्त सार्वजनिक व्यय से करते तो उनका चेहरा तमतमा उठता।

वह पश्चिम का दर्प खण्ड-खण्ड कर डालने को उत्सुक तो रहते थे, परन्तु समाज-सेवा के पाश्चात्य दृष्टान्त की चोट देकर भारत का दम्भ विनष्ट करने की ओर भी आतुर रहते थे।

जब उन्होंने दीन-हीन असहाय जन के प्रति भारतीयों की निर्दय उदासीनता की तुलना में स्त्रियों के एक आदर्श अमरीकी कारागार में अपराधियों के प्रति मानवीय व्यवहार होते देखा तो ''तुम वधिक हो,'' यही शब्द मुख से अनायास निकले। ''हिन्दू धर्म में मानव की महिमा का जैसा गुणगान है वैसा संसार के किसी धर्म में नहीं मिलता

और संसार का कोई धर्म निरीह सर्वहारा की गर्दन पर पाँव रखकर ऐसे नहीं कुचलता जैसे हिन्दू धर्म करता है। धर्म का दोष नहीं, दोष है उसके महन्तों और ठेकेदारों का।''

अतएव वह भारतीय युवक को समझाते, उकसाते और हुरियाते ही रहे : ''साथियो, कमर कस कर तैयार हो जाओ, प्रभु ने मुझे आदेश दिया है—तुम, निरीह, अकिंचन किन्तु आस्थावान तुम, भविष्य के प्रतीक हो—दरिद्र के लिए द्रवित हो और प्रभु की ओर देखो—सहायता मिलेगी। मैं यही बोझ हृदय पर उठाये, यही विचार मन में लिये बारह वर्ष फिरा हूँ। मैं धनिक और श्रेष्ठ कहलाने वालों के यहाँ द्वार-द्वार भटका हूँ। सीने में एक घाव लिये हुए मैं आधी दुनिया पार करके इस अजनबी देश में सहायता माँगने आया हूँ—प्रभु मेरी सहायता करेंगे। हो सकता है मैं इसी देश में ठंड और भूख से मर जाऊँ, किन्तु मेरी यह संवेदना, विपन्न, दलित अबोध जन के हेतु यह संघर्ष, तब तुम्हारी थाती होगी···ईश्वर के सम्मुख नतमस्तक हो, महात्याग करो, सम्पूर्ण जीवन उन तीस कोटि प्राणियों के लिए समर्पित करो···जो दिन-प्रति-दिन अशान्ति के गर्त में गिरते जा रहे हैं···प्रभु की जय हो, हम कृतकार्य होंगे। सैकड़ों इस संघर्ष में गिरेंगे, सैकड़ों उनका स्थान लेने उठेंगे···आस्था, समवेदना। जीवन-मरण को समभाव से देखो···प्रभु की जय हो, बढ़े चलो, प्रभु हमारे सेनानी हैं। मुड़कर मत देखो कि कौन गिरा—आगे बढ़ो···बढ़ते चलो···''

यह विलक्षण पत्र, जिसकी प्रेरणा अमरीका की उदात्त समाज-सेवा के दृष्टान्त ने दी थी, आशा का स्वर लेकर समाप्त होता है : यह प्रमाण है कि वह जो मसीही धर्म के ढोंग-पंथियों का सफाया कर सकता था, उसी धर्म के सच्चे स्वरूप में दिव्य प्रेम की ज्योति का आलोक भी देख पा रहा था—''मैं यहाँ मेरी के पुत्र की प्रजा के मध्य हूँ और प्रभु मेरी सहायता करेंगे।''

न, वह ऐसे पुरुष नहीं थे जो धर्म की दीवारों की चिन्ता करें। यह महान् सत्य उन्होंने ही उचारा : ''किसी मठ में जन्म लेना भले ही अच्छा माना जा सकता हो, परन्तु उसी में बँधकर मरना तो भयंकर है।''

कोई विधर्मी घुस न आये इस भय से अपने-अपने मतों के बन्द द्वारों पर कर्तव्यवश पहरा दे रहे ख्रीस्तान और हिन्दू कठमुल्लों की आक्रोश भरी चीत्कारों का उत्तर उन्होंने यों दिया—''हिन्दू हो या मुसलमान या ईसाई, मुझे इससे मतलब नहीं, जो भी प्रभु का प्रेमी होगा मैं उसका सेवक होऊँगा। सर्वस्व होम कर दो मेरे शिशुओं—आस्था रखो और सब कुछ प्राप्त होगा·····हममें से प्रत्येक दिन-रात प्रार्थना करे···उनके कल्याण के लिये जो दरिद्रता, पाखण्ड और अत्याचार के पाश में बँधे हैं, भारत के उन करोड़ों दलितों के लिए रात और दिन प्रार्थना करो। मैं कोई तत्वमीमांसक नहीं, दार्शनिक नहीं, न मैं कोई सन्त हूँ। मैं निःस्व हूँ, सर्वहारा से मेरा अनुराग है···भारत में कौन है जिसके मन में दारिद्र्य एवं अज्ञान में चिर-लिप्त दो करोड़ नर-नारी के लिए दर्द है? कहाँ हैं उनका

निस्तार?.....कौन उन्हें आलोक देगा? इन जनों को अपना ईश्वर मानो.....महात्मा तो मैं उसे कहूँगा जिसके कलेजे में गरीब के लिए हूक उठती है.....जब तक करोड़ों जन भूख और अज्ञान से पीड़ित जीवन बिताते रहेंगे, मैं ऐसे प्रत्येक व्यक्ति को देश-द्रोही कहूँगा जो उन्हीं के पैसों से शिक्षा प्राप्त करके फिर उनकी ओर देखता तक नहीं।''

इस प्रकार वह अपने अभियान का मूल उद्देश्य एक क्षण को भी नहीं भूले, यह वही था जिसने उन्हें भारत में उत्तर से दक्षिण और दक्षिण से उत्तर हिमालय और कन्याकुमारी के मध्य भटकाया था—अपने देशवासियों के शरीर और आत्मा की (पहले शरीर की : रोटी पहले) रक्षा करना, अपनी पुकार को समस्त संसार के विपन्न और दलित जनों की पुकार बनाकर सभी राष्ट्रों को संगठित कर देना। आदान-प्रदान करें, दाता से दया की भीख माँगते हुए हाथ पसारना भूल जायें। समता, वह जो पाता है, देता है और जो पाता है उससे अधिक नहीं तो उतना ही अवश्य देता है। वह जीवन पाता है, जीवन ही देता है, ईश्वर देता है। क्योंकि भारत के जर्जर मृतप्राय जन दरिद्रनारायण हैं, युग-युग से मनुष्य को पीसते आते अत्याचार और कष्ट के भीतर कहीं अनश्वर आत्मा की सुधा-धारा फूटती है, पचती है और मधुरतर हो जाती है। अँजुली भरो और पी लो, वे दलितजन भी पवित्र दीक्षा के इन शब्दों का प्रयोग कर सकते हैं—'क्योंकि यह मेरा रुधिर हैं, वे राष्ट्र-समुदाय के ख्रीष्ट हैं।

और इस प्रकार विवेकानन्द ने अपने लिए एक दोहरे दायित्व की परिकल्पना की, पश्चिम के अर्थ और पदार्थ-संग्रह को भारत ले आना और भारत के अध्यात्म-वैभव को पश्चिम ले जाना। एक निष्ठावान आदान-प्रदान, भाई-चारा पारस्परिक सहयोग।

पश्चिम की भौतिक ही नहीं नैतिक और सामाजिक उपलब्धियों को भी वह मानते थे। हमने अभी उनका जो करुण मानवीय संबोधन पढ़ा था वह एक महान् स्वाभिमानी राष्ट्र ने अनायास ही उसके प्रति किया है जिसकी भर्त्सना वह आवश्यक समझता है। एक ही ट्राम गाड़ी में लखपती और मजूरिन को धक्कम-धक्का करते देखकर इस दृश्य में निहित लोकतंत्रीय समता से वह गद्गद हो उठे थे और उन्होंने इसे आवश्यकता से अधिक महत्व दे डाला था, क्योंकि वह यंत्र की निर्ममता, जो भी गिरे उसे रौंदते चले जाने की निर्ममता नहीं देख सकते थे। इसलिए भारत में सवर्णों और शूद्रों की भीषण असमानता से उन्हें और भी तीखी पीड़ा हुई—''भारत का दुर्भाग्य तो उसी दिन निश्चित हो गया जिस दिन म्लेच्छ शब्द की उत्पत्ति हुई और दूसरों से संसर्ग बन्द हो गया।''

उन्होंने एक ऐसे संगठन की मौलिक आवश्यकता प्रतिपादित की जो हिन्दुओं को पाश्चात्य लोकतंत्रों के सदृश्य परस्पर सद्भाव और सहयोग की शिक्षा दे सके।

यही नहीं, उन्होंने अधिसंख्य अमरीकी स्त्रियों के उत्कृष्ट बौद्धिक विकास की और उनके निजी स्वातन्त्र्य की प्रशंसा की। उन्होंने इनकी बन्धन-मुक्ति से भारतीय स्त्रियों के एकान्तवास की तुलना की और अपनी एक स्वर्गीय बहिन की अनकही पीड़ा

के स्मरण ने उन्हें इतना उत्तेजन दिया कि वह स्त्रियों के उद्धार में निःस्वार्थ भाव से जुट गये।

पश्चिम की सामाजिक श्रेष्ठता उन्होंने विविध प्रकार से स्वीकार की, क्योंकि वह चाहते थे कि उनके देशवासी उनसे लाभ उठायें और ऐसा करने से उन्हें रोक सकने वाला कोई जातीय दम्भ उनके निकट सफल नहीं हुआ।

किन्तु उनका स्वाभिमान ऐसा कुछ भी लेने को तैयार न था जिसके बदले में कुछ दिया न गया हो। वह अच्छी तरह जानते थे कि कर्म और व्यावहारिकता (वह कहते : शारीरिकता) के अपने ही चक्र में फँसे पश्चिम को वह आत्मा की मुक्ति का सन्देश ले जा रहे हैं, जो कि ईश्वरीय द्वार की हर मनुष्य में छिपी कुंजी है और नितान्त विपन्न हर भारतीय भी जिसे जानता है। मानव-आस्था, जो उन्होंने तरुण अमरीका में अत्यन्त विकसित पायी, उनके लिए पहला पड़ाव बनी। इसे कम करने की कोई इच्छा न करके (यूरोपीय ईसाइयत के कुछ समुदाय जैसे करते हैं) उन्होंने इसे ऐसी एक छोटी बहिन के रूप में स्वीकार किया जो कुलीन तो है, परन्तु जिसकी आँखें नये सूर्य से इतनी चौंधिया गयी हैं कि वह भयंकर अतल के किनारे भी असावधान दौड़ती चली जा रही है उनका विश्वास था कि उन्हें इसको दृष्टि देने का आदेश हुआ है और उन्हें उसे अनन्त की ओर जीवन के उस बुर्ज पर ले जाना है जहाँ से वह ईश्वर को देख सके।

इसलिए अमरीका के विशाल आध्यात्मिक ऊसर क्षेत्र पर वेदान्त का बीज छिटक कर उसे रामकृष्ण के प्रेम सलिल से सींचने का उद्देश्य लेकर उन्होंने एक के बाद एक कई अभियान किये। वेदान्त से स्वयं उन्होंने ही वे स्थल चुने जो अपनी तार्किकता के कारण अमरीकी मानस के अनुकूल हों। अपने गुरु रामकृष्ण के नामोल्लेखन से वह विरक्त रहे यद्यपि उन्हीं का सन्देश उन्होंने प्रचारित किया। यह उन्होंने अपने प्रगाढ़ प्रेम से उत्पन्न संकोच के कारण ही किया और जब कभी उन्होंने कुछ अन्तरंग शिष्यों के सन्मुख गुरु का प्रत्यक्ष स्मरण किया भी तो साथ में यह निषेध भी कर दिया कि इस श्रद्धांजलि का सार्वजनिक विज्ञापन न किया जाए।

अमरीकी व्याख्यान समितियों से उन्होंने शीघ्र ही पल्ला छुड़ा लिया—उनके निर्देशक दौरे का बँधा हुआ कार्यक्रम बनाते और इस तरह डुग्गी पीट कर विवेकानन्द को नचा करके उनका लाभ उठाते जैसे वह सर्कस का कोई तमाशा हों।

डेट्रायट में, जहाँ वह १८९४ में ४ सप्ताह टिके, उन्होंने यह सह्य जुआ उतार फेंका। अपने मित्रों की सहायता से उन्होंने व्याख्यानों का अनुबन्ध रद्द करवा डाला, और इससे काफी आर्थिक हानि भी उठायी। डेट्रायट में ही उनकी भेंट उस स्त्री से हुई जिसे कालान्तर में सिस्टर निवेदिता (मिस मार्गरेट नोब्ल) के साथ उनके विचार जगत की अन्य सब पाश्चात्य शिष्यों की अपेक्षा घनिष्ठ सहचरी बनना था। इस स्त्री ने सिस्टर क्रिस्टीन (मिस ग्रीस्टिंडेल) का नाम ग्रहण किया।

डेट्रायट से वह १८९४ के शिशिरागम के समय न्यूयार्क लौट आये। पहले तो उन्हें धनिक मित्रों ने घेर रखा, ये उनके सन्देश से नहीं उनकी प्रसिद्धि से आकृष्ट थे। किन्तु वह अत्यधिक नियंत्रण सह ही नहीं सकते थे। वह अकेले अपने मन के आप मालिक बन कर रहना चाहते थे। वह इस तरह की फलाँग-दौड़ से थक गये थे; यह कोई भी स्थायी कार्य होने नहीं दे रही थी। उन्होंने शिष्य-समूह एकत्र कर निःशुल्क शिक्षा-कार्यक्रम चलाना चाहा। उनका व्यय उठाने को तत्पर धनिक मित्रों ने असह्य शर्त रखी, वे चाहते थे कि विवेकानन्द सही लोगों के विशिष्ट समाज ही से मिलें। यह सुन कर वह क्रोध से विचलित हो उठे—"शिव शिव, भला कभी धनिकों ने कोई महान् कार्य सम्पन्न किया भी है। रचना होती है बुद्धि और हृदय से, रुपये की थैली से नहीं।"

अनेक श्रद्धालु और अपेक्षतया धनहीन विद्यार्थियों ने उनके कार्य का आर्थिक दायित्व सम्हाल लिया। एक 'खराब' मुहल्ले में कुछ घिनौने कमरे किराये पर लिये गये। ये नंगे बूचे थे, इनमें जिसे जहाँ जगह मिले वहीं बैठना होता था। गुरु भूमि पर विराजते, दस बारह शिष्य खड़े रहते। अनन्तर जीने का दरवाजा खोलकर रखना आवश्यक हो गया, सीढ़ियों पर और चौपड़े पर तर-ऊपर लोग जमा होने लगे। शीघ्र ही विवेकानन्द को और बड़े कमरे लेने का विचार करना पड़ा। उनका पहला शिक्षाक्रम फरवरी से जून, १८९५ पर्यन्त चला और इसमें उन्होंने उपनिषदों की व्याख्या की। प्रतिदिन वह कुछ एक चुने हुए शिष्यों को राजयोग और ज्ञानयोग की दोहरी विधि का अभ्यास कराते—पहली मुख्यतः मानसिक शारीरिक क्रिया है, जिसमें देह को मन के अधीन करके प्राणशक्ति पर विजय पायी जाती है, आन्तरिक चक्रों की हलचल शान्त करके ब्रह्म का अनाहत नाद सुना जाता है; दूसरी सर्वथा बौद्धिक, वैज्ञानिक, बुद्धिगामी क्रिया है; आत्मा का चिरन्तन सत्य से, परब्रह्म से मिलना उसका अभीष्ट है; विज्ञान धर्म।

जून, १८९५ के आसपास वह राजयोग पर अपनी प्रसिद्ध टीका मिस एस० ई० वाल्डो (अनन्तर सिस्टर हरिदासी) को बोल कर लिख चुके थे; इसने विलियम जेम्स प्रभृति अमरीकी शरीर-शास्त्रियों का ध्यान आकृष्ट किया और बाद में तोल्सतोय में भी उत्साह जगाया।

इस पुस्तक के दूसरे खण्ड में मैं इस रहस्य-विद्या का तथा योग के अन्य प्रकारों का पुनः उल्लेख करूँगा। सम्भवतया राजयोग ने अपने शारीरिक स्वरूप के कारण ही अमरीका में इतना अधिक ध्यान आकृष्ट किया—क्योंकि वहाँ इसे शुद्ध व्यावहारिक उपयोगिता की दृष्टि से भौतिक सामर्थ्य के साधन के रूप में देखा गया। आकार में दैत्य और बुद्धि में बालक के समान अमरीकी जनता केवल उसी सूझ में रुचि लेती है जो उसका कोई लाभ कर सके। तत्वमीमांसा और धर्म को बिगाड़ कर झूठे वैज्ञानिक प्रयोगों का रूप दे दिया जाता है, उद्देश्य होता है सत्ता की, धन की, बल की, संसार-सुख की

सिद्धि। विवेकानन्द को इससे अधिक चोट और किस बात से लगती। सभी सच्चे अध्यात्म-योगियों के लिए अध्यात्म साधन और साध्य दोनों ही है। उनको अपना लक्ष्य प्राप्त कर लेने से अधिक और कुछ नहीं चाहिये। वे उन्हें कैसे क्षमा कर सकते हैं जो योग को भौतिक सुखों के संग्रह का साधन बना लेते हैं। विवेकानन्द की दृष्टि से ऐसा करना घोर, अक्षम्य अपराध था और उन्होंने विशेष रूप से कटु शब्दों में इसकी भर्त्सना की । शायद 'आ बैल मुझे मार' कह देने की अपेक्षा अच्छा होता कि अमरीकी बुद्धि को दूसरी दिशाओं में ले जाया जाता। सम्भवत: उन्होंने स्वयं यह समझ लिया, क्योंकि आगामी शिशिर में उनके व्याख्यानों का विषय ज्ञानयोग हो गया। तब वह प्रयोग ही कर रहे थे। युवक गुरु अपनी शक्ति का परीक्षण विजातीय मनुष्यों पर कर रहे थे और उस समय तक निर्णय नहीं कर सके थे कि उन्हें उस शक्ति का उपयोग कैसे करना चाहिए।

इसके बाद ही (जून-जुलाई १८९५) थाउजैंड आईलैंड पार्क में चुने हुए श्रद्धालु जनों की संगति में बितायी गार्मियों में विवेकानन्द ने निश्चित रूप से अपने कार्य की योजना स्थिर कर ली; सिस्टर क्रिस्टीन साक्षी थीं। वेदान्त की विवेचना के लिए गुरु को सेंट लारेंस नदी के पार्श्व में वनों से घिरी एक पहाड़ी पर मुक्तहस्त किसी ने कुछ जमीन दे डाली थी, वहीं पर एक दर्जन चुने हुए शिष्य आ जुटे। गुरु ने अपना प्रवचन सन्त जॉन की उपदेश-पुस्तक के एक उद्धरण से आरम्भ किया और फिर सात दिन तक वह न केवल भारत के धर्मग्रन्थों की व्याख्या करते रहे बल्कि (यही उनकी दृष्टि में उत्तमतर शिक्षा थी) शिष्यों की सुप्त आत्मशक्तियाँ जागृत करने का प्रयत्न भी उन्होंने किया, उनके वार्तालाप के कुछ विषय थे स्वाधीनता, साहस, संयम और विश्वधर्म।

''व्यक्तित्व ही मेरा अभीष्ट है'' उन्होंने अभयानन्द को लिखा था, ''व्यक्ति का संस्कार कर सकूँ, इससे अधिक मैं कुछ चाहता नहीं।''

उन्होंने और भी कहा था :

''यदि मैं जीवन में एक व्यक्ति को भी आत्म-स्वातंत्र्य की साधना में सहारा दे सका तो जानूँगा कि मेरा परिश्रम सफल हुआ।''

रामकृष्ण की सहजानुभूति पद्धति का अनुसरण करते हुए उन्होंने अपने व्याख्यान में कभी जनता का संबोधन करने का वैसा प्रयत्न नहीं किया जैसा उपदेशक और वक्ता किया करते हैं, वह मानो प्रत्येक को अलग-अलग संबोधन करते थे। उनका कहना था, ''एक अकेले मनुष्य में सारा ब्रह्माण्ड छिपा है।'' बीजरूप में प्रत्येक व्यक्ति में लिखित सृष्टि निहित है। यद्यपि वह एक आश्रम के महान् प्रतिष्ठाता थे, अन्त तक वह संन्यासी ही रहे। वह संन्यासियों की, ईश्वर के स्वतंत्र सेवक की संख्या में वृद्धि करना चाहते थे, अतएव अमरीका में उनका उद्देश्य उसके मन में स्पष्ट था—कुछ चुनी हुई आत्माओं को मुक्त करके उन्हें मुक्ति का सन्देशवाहक बना देना।

१८९५ की गर्मियों में कुछ पाश्चात्य शिष्यों ने उनका आह्वान स्वीकार किया और उन्होंने इनमें से कुछ को दीक्षा दी। अनन्तर ये बिल्कुल दूसरे ही प्रकार के व्यक्ति निकले। विवेकानन्द के पास रामकृष्ण जैसी गहरी दृष्टि शायद न थी जिससे वह किसी को देखते ही उसके मन के अतल में पैठ कर उसका भूत-भविष्य एक क्षण में जान लिया करते थे। विवेकानन्द तो गेहूँ और भूसा साथ ही जमा कर लेते थे और जान लेते थे कि भविष्य अन्न को पछोर कर रख लेगा और भूसा उड़ा देगा। तो भी अनेक शिष्य जो उन्होंने बनाये उनमें से सिस्टर क्रिस्टीन को छोड़ सबसे बड़े रत्न थे युवक अंग्रेज ने० जे० गुडविन, इन्होंने अपना सारा जीवन ही गुरु को समर्पित कर दिया। १८९५ से उन्होंने अपने को विवेकानन्द का सचिव बना लिया--गुरु उन्हें अपना दाहिना हाथ कहते थे और अमरीका में बोया बीज यदि बचा रह सका तो वह विशेष रूप से इन्हीं के प्रयत्नों के कारण।

विवेकानन्द के अमरीका प्रवास में अगस्त से दिसम्बर, १८९५ तक का एक अन्तराल इंगलैंड-यात्रा के रूप में आया, उसका उल्लेख अन्यत्र करूँगा। शीत ऋतु में वह फिर अमरीका लौटे और मध्य अप्रैल, १८९६ तक वहीं रहे। दो व्याख्यान-मालाओं और न्यूयार्क में व्यक्तिगत प्रशिक्षण के माध्यम से उन्होंने वेदान्त शिक्षा जारी रखी। पहला व्याख्यान दिसम्बर, १८९५ में कर्मयोग पर था (यह उनकी सर्वश्रेष्ठ कृति समझी जाती है) और दूसरा फरवरी, १८९६ में भक्तियोग पर हुआ।

उन्होंने न्यूयार्क, बोस्टन और डेट्रायट आदि विविध स्थानों में भाषण दिए और कभी जनसाधारण को, कभी हार्टफर्ड की तत्वमीमांसा सभा को, कभी ब्रुकलिन की नैतिक सभा को और कभी हार्वर्ड के दर्शन-अध्यापकों और छात्रों को सम्बोधित किया। हार्वर्ड में उनसे प्राच्यदर्शन-पीठ और कोलम्बिया में संस्कृत पीठ स्वीकार करने का अनुरोध किया गया। न्यूयार्क में श्री फ्रांसिस लेगेट की अध्यक्षता में उन्होंने वेदान्त-समाज की स्थापना की, जो आगे चलकर अमरीका में वेदान्त आंदोलन का केन्द्र बना।

उनका आदर्श था, सहिष्णुता और विश्वधर्म। नयी दुनिया में तीन वर्ष यात्रा करके और पश्चिम के विचारों और मान्यताओं के निरंतर सम्पर्क में रहकर विश्वधर्म की उनकी परिकल्पना और भी परिपक्व हो गयी थी। परन्तु साथ ही उनकी हिन्दू चेतना को गहरा धक्का भी लगा; उन्होंने देखा कि भारत के महान् धर्म-चिन्तन और दर्शन को यदि अपनी खोयी हुई श्रेष्ठता और गति-शीलता प्राप्त करनी है और उसे पश्चिम के आवरण को भेदकर उसमें नया बीज बोना है तो हमें तत्काल उसका आद्यन्त पुनस्संगठन करना होगा—यही विचार वह १८९३ में एक बार मद्रास में भी प्रकट कर चुके थे। एक दूसरे से उलझे हुए विचारों और प्रकारों का जंगल साफ करके उसके विभिन्न वादों की स्पष्ट अवधारणा आवश्यक थी। भारतीय तत्व चिन्तन की परस्पर विरोधी दिखने वाली मान्यताएँ (अद्वैतवाद, द्वैतवाद और द्वैताद्वैतवाद) जिनका उपनिषदों में असामंजस्य

मिलता है, समन्वित करके उनके और पाश्चात्य तत्व चिन्तन के मध्य एक सेतु बाँधना जरूरी था—और उसका साधन था हिमालय के प्राचीनतम दर्शन की सृष्टियों एवं आधुनिक विज्ञान के विकृत सिद्धान्तों का तुलनात्मक अध्ययन। यह अनुशीलन करना—विश्वधर्म का यह संदेश लिपिबद्ध करना—वह स्वयं चाहते थे और उन्होंने अपने भारतीय शिष्यों से इस जीर्णोद्धार के लिए उपयोगी सामग्री जुटाने का आग्रह किया। वह मानते थे कि हमें हिन्दू चिन्तन को यूरोपीय भाषा में अभिव्यक्त करना है। नीरस दर्शन जटिल पुराणगाथा और अद्भुत मनस्तत्व में से काढ़ कर ऐसा एक धर्म सामने लाना हैं जो सरल भी हो, सुगम भी, सुलभ हो और साथ ही सर्वोच्च स्तर को भी ग्राह्य हो।

दकियानूसी हिन्दुओं और यूरोपीय भारत-प्रेमियों को आसानी से शिकायत हो सकती थी, और हुई भी, कि ऐसा प्रयोग किया गया तो प्राचीन का जो चित्र युग-युग से प्रामाणिक मान रखा गया है वह बदलना पड़ेगा। परन्तु विवेकानन्द इससे सहमत न थे। बल्कि वह मानते थे कि इससे झूठी कसीदाकारी का आवरण हटाकर मौलिक और विराट् सत्य की असली रेखाओं को दिखाया जा सकेगा। यह विचार उन्होंने कई अवसरों पर अभिव्यक्त किया।

वास्तव में उनके जैसे मनीषी के लिए असम्भव था कि धर्म की कोई किताबी परिभाषा सदा के लिए मान लें। उनका धर्म विकासमान था, क्षण भर को रुका कि निर्जीव हुआ। उनका विश्व-आदर्श निरंतर गतिशील रहता था। पूर्व और पश्चिम के अनवरत संसर्ग से उसे जीवन मिलता, किन्तु यह आवश्यक था कि दोनों किसी मतवाद से या देशकाल से बँधे न हों, जीवन्त और प्रगतिशील हों। इसीलिए वेदान्त-समाज का अन्यतम उद्देश्य था कि विचारों का अबाध आदान-प्रदान चिन्तन के अबाध रक्त-संचालन द्वारा समस्त मानव-जाति की देह-यष्टि का परिष्कार करता रहे।

भारत और यूरोप का संगम

न्यूयार्क के उज्ज्वल निरभ्र आकाश तले वहाँ के जीवन्त वातावरण में विवेकानन्द की कर्म-प्रतिभा उद्दीप्त हो उठी और अथक परिश्रम का उन्माद उनको मथने लगा। चिन्तन, लेखन और तेजस्वी भाषणों में उनकी शक्ति इस प्रकार व्यय होने लगी कि स्वास्थ्य बुरी तरह क्षीण हो चला। जन-समुदाय को अपने आन्तरिक आलोक की किरणों से उद्दीप्त करके जब वह भीड़ से बाहर आते तो उनकी एक ही इच्छा होती—'अपना एक अकेला कोना' जिसमें वह 'सो जायें और चुक जायें।' अनन्तर जिस रोग ने उनको पराजित किया उससे उनका शरीर तभी जर्जर हो चला था, दारुण परिश्रम ने उनकी अनतिदीर्घ जीवनकथा और भी संक्षिप्त कर दी। वह कभी निरोग न हो सके : मृत्यु की घिरती हुई छाया उन्हें तभी दिखाई दे गयी थी। उन्होंने एक बार कहा भी था, "मेरा समय आ गया है।"

परन्तु उनकी महासाधना, और उनका उदात्त साध्य उन्हें बार-बार खींचकर लौटा लाता रहा।

अनुमान किया जाता था कि यूरोप की यात्रा करने से उनका मन बहल जायेगा, पर वह जहाँ भी गये वहाँ अपने को उन्होंने खपा डाला। इंग्लिस्तान में उन्होंने तीन बार प्रवास किया—सितम्बर से नवम्बर १८९५ अप्रैल से जुलाई १८९६ और अक्टूबर से १६ दिसम्बर १८९६ तक।

इन प्रवासों ने उन पर अमरीका की अपेक्षा कहीं गहरा और कहीं अप्रत्याशित प्रभाव डाला। अमरीका से उन्हें कोई शिकायत हुई हो, ऐसा नहीं, क्योंकि भले ही उन्हें विद्वेषजन्य विरोध के सम्मुख खड़े होना और दर्प-रूप-शोभा के मेलों से अपने को दूर रखना पड़ा हो, तो भी अमरीका में उन्हें कोमलतम सहानुभूति मिली, अत्यन्त अनुरागी सहायक मिले और बीज-बीज को पुकार करती हुई कुँआरी धरती मिली।

परन्तु पुरानी दुनिया—यूरोप—में प्रवेश करते ही उन्होंने बौद्धिकता के एक नितान्त भिन्न वातावरण का अनुभव किया। यहाँ असंस्कारी जाति का खोखला, बर्बर वह दुस्साहस नहीं था जिससे अमरीकी जन राजयोग के पीछे पड़कर विश्व-विजय के अस्वस्थ और बचकाने रहस्य जानने को परेशान थे—और राजयोग की तो विकृति वे कर ही रहे थे। यहाँ तो सहस्र वर्ष से संचित विचार-शक्ति के बल पर सीधे ही भारतवर्ष

का ज्ञानयोग समझना सरल था। अद्वैतवादी विवेकानन्द की दृष्टि में वही साररूप भी था। इसे यूरोप को समझाने के लिए वह क ख ग के आगे से शुरू कर सकते थे, क्योंकि यूरोप में वैज्ञानिक और सूक्ष्म दृष्टि से समझने की शक्ति थी।

अमरीका में विवेकानन्द को अनेक समर्थ बुद्धिवादियों का परिचय प्राप्त हुआ था जैसे प्रोफेसर राइट, दार्शनिक विलियम जेम्स और महान् विद्युत-शास्त्री निकोलस टेसला जिनकी विवेकानन्द के प्रति सहानुभूति सहज प्रकट थी—तो भी ये सब हिन्दू तत्वमीमांसा के कच्चे नौसिखिये ही थे—इन्हें हार्वर्ड के दर्शन-स्नातकों की भाँति सभी कुछ सीखना बाकी था।

यूरोप में विवेकानन्द को मैक्समूलर और पाल ड्यूसन जैसे भारत विद्या-विशारदों से साक्षात करना पड़ा। पश्चिम के दर्शन और भाषाशास्त्र का सक्षम और अकलुष निष्ठावान वैभव उनके सामने उजागर हुआ। उनका अन्तरतम इस अनुभव से आन्दोलित हो उठा और उन्होंने अपने देशवासियों को, जो तब उन्हीं के समान इस वैभव से अनभिज्ञ थे, अपनी आदरभावना का अत्यन्त सुन्दर प्रमाण दिया।

परन्तु इंग्लिस्तान के परिचय से उन्हें एक दूसरी ही कोटि का अनुभव होना निश्चित था। वह शत्रु रूप में वहाँ गये थे, विजित होकर लौटे। भारत आकर उन्होंने अनुपम श्रद्धा से ये शब्द कहे, "आंग्ल जाति के प्रति मेरे जितनी घृणा मन में लेकर कोई उस जाति के देश में नहीं गया होगा.....आज आप में से किसी के हृदय में आंग्ल-जन के लिए उतना स्नेह न होगा जितना मेरे हृदय में है।....."

इंग्लिस्तान से एक अमरीकी शिष्य को (८ अक्टूबर १८९६) उन्होंने लिखा, "अंग्रेजों के बारे में मेरी धारणाएँ क्या से क्या हो गयी हैं।"

उन्होंने इंग्लिस्तान में 'वीरों के, सच्चे साहसी और दृढ़ क्षत्रियों के राष्ट्र' के दर्शन किये। "उन्होंने अपनी भावनाएँ गोपन रखना, उन्हें कभी प्रकाशित न करना सीखा है। किन्तु इस दर्पाडम्बर के बावजूद अंग्रेज में सहृदयता का अजस्र निर्झर बहता रहता है। एक बार उस तक पहुँच सको तो फिर वह सदैव तुम्हारा मित्र रहेगा। उसके मन में एक बार जो विचार बो दिया जाता है, कभी स्खलित नहीं होता और उसकी जातिगत व्यावहारिकता एवं शक्ति उस बीज को तुरन्त अंकुरित-पुष्पित कर देती है।.....उन्होंने यह रहस्य जान लिया है कि दासवृत्ति के बिना भी आज्ञाकारिता कैसे साधी जाती है—अखण्ड नियम-निष्ठता के साथ असीम स्वाधीनता का निर्वाह कैसे किया जाता है।"

ईर्ष्या के योग्य जाति है वह! वह जिनका दमन करती है उनसे भी आदर अर्जित कर लेती है। अपने पराधीन समाज की विद्रोही चेतना के जो पुञ्ज हैं और जो अपने समाज के उन्नयन के आकांक्षी हैं वे अनेक राममोहन राय, विवेकानन्द, टैगोर और गाँधी, विजेता की महानता स्वीकार करने को—यह तक मानने को कि उससे

भक्तिपूर्वक सहयोग हितकर होगा—बाध्य होते हैं। ऐसा न भी हो तो, यदि उन्हें दूसरा कोई प्रभु चुनने का अवसर दिया जाये तो वे नहीं चुनेंगे। अंग्रेजी राज्य की भयंकर दुर्नीतियों के बावजूद अंग्रेज ही सारे पश्चिम में (इसमें मैं सम्पूर्ण यूरोप और अमरीका को शामिल कर लेता हूँ) ऐसे हैं जो भारतीय विचारों के निर्बन्ध विकास का अधिकतम अवसर दे सकते हैं।

इंग्लिस्तान के गुणों पर मुग्ध होते हुए भी विवेकानन्द ने अपने भारतीय उद्देश्य को भुला नहीं दिया। उन्होंने इंग्लिस्तान की महानता का उपयोग करके भारत का आध्यात्मिक प्रभुत्व स्थापित करने की कल्पना की थी। उन्होंने अनन्तर लिखा, ''ब्रितानी साम्राज्य के कितने भी दोष हों, विचारों के प्रतिपादन का उस जैसा विराट यंत्र दूसरा नहीं है। मैं इस यंत्र के मध्य अपने विचार रख देना चाहता हूँ : वहाँ से वे सारे विश्व में फैल जायेंगे·····आध्यात्मिक विचार हमेशा पद-दलितों ने ही दिये हैं (यहूदी और यूनानी)।''

लन्दन की अपनी पहली यात्रा के मध्य उन्होंने मद्रास में स्थित एक शिष्य को लिखा, ''इंग्लिस्तान में मेरा काम सचमुच बहुत बढ़िया हो रहा है।''

उन्हें तत्काल सफलता मिली थी। समाचारपत्र जगत ने मुक्तकण्ठ से उनकी प्रशंसा की। विवेकानन्द की नैतिक श्रेष्ठता की तुलना उनके पूर्ववर्ती भारतीय राममोहन राय और केशव से ही नहीं, देवोपम व्यक्तियों से—बुद्ध और ईसा से की गयी। अभिजात समाज में उनका सहज समादर हुआ और चर्चा के अध्यक्षों तक ने उनसे अपनी सद्भावना प्रदर्शित की।

अपनी दूसरी यात्रा में उन्होंने वेदान्त शिक्षा के नियमित सत्र आरम्भ किये और शिक्षार्थियों में विचारशीलता निश्चय ही मिलेगी, यह देखकर उन्होंने ज्ञानयोग से आरम्भ किया। साथ-साथ वह पिकाडिली के एक छविगृह में, प्रिंसेज हाल में, क्लबों में, शिक्षा संस्थाओं में, एनीबेसेंट के निवास पर और अन्तरंग वर्गों में क्रमबद्ध व्याख्यान करते रहे। उन्होंने अमरीकी जनता के सतही कौतूहल की तुलना में अंग्रेजी श्रोताओं में गम्भीरता का अनुभव किया। अमरीकियों से कम चपल, अधिक सनातनी अंग्रेजों ने पहले तो अनुसरण में संकोच किया, पर जब उसे छोड़ा तो आधे मन से नहीं छोड़ा। विवेकानन्द अपने को और अधिक आश्वस्त अनुभव करने लगे; उनकी आस्था अपने श्रोताओं में और बढ़ गयी। जिन इष्ट गुरु रामकृष्ण को वह लोक-दृष्टि से अभी तक बचाये रखे थे उनका भी उल्लेख उन्होंने यहाँ किया। उन्होंने विगलित श्रद्धा से कहा, ''मैं जो कुछ भी हूँ उसी एक स्रोत से निस्सृत हूँ·····देने के लिऐ मेरे पास अपना कहलाने योग्य अणुमात्र विचार भी नहीं है।'' और उन्होंने गुरु को ''पृथ्वी के धर्मयुग का बसन्त'' कहकर उनकी वन्दना की।

रामकृष्ण के माध्यम से ही वह मैक्समूलर के सम्पर्क में आये। उसे वयोवृद्ध भारत-तत्वज्ञ ने, जिनकी नित्य नवीन जिज्ञासा हिन्दू-धर्म के प्रत्येक हृदय-स्पन्दन को

कान लगाकर सुनती रहती थी, मानो दिव्य चक्षु से, पूर्व में उदीयमान रामकृष्ण-नक्षत्र का दर्शन पहले ही कर लिया था। वह इस नूतन अवतार के किसी प्रत्यक्षदर्शी से जिज्ञासा करने को उत्सुक थे; उन्हीं के अनुरोध पर विवेकानन्द ने गुरु के अपने संस्मरण सुनाये थे जिन्हें मैक्समूलर ने रामकृष्ण पर अपनी पुस्तिका में पीछे लिपिबद्ध किया। विवेकानन्द भी आक्सफोर्ड के इस द्रष्टा से कुछ कम आकृष्ट नहीं हुए थे, जिसने अपनी दूरस्थित वेधशाला से ही बंगीय आकाश में परमहंस के विचरण की सूचना दे दी थी। उन्हें मई २८, १८९६ को इनके घर आने का निमन्त्रण मिला; भारत के युवक स्वामी विवेकानन्द ने यूरोप के वृद्ध सन्त को नमन किया, वैदिक भारत के अपने पूर्व-जन्मों का स्मरण करने वाले ऋषि का एक अवतार, एक भारतीय आत्मा, कहकर उन्हें अभिनन्दन किया—"वह आत्मा जो ब्रह्म से अपने को नित्य एकाकार करती रहती है....."

इंग्लिस्तान ने उन्हें उनके जीवन के सम्भवतया सबसे मधुर मित्रों के रूप में और प्रतिदान भी दिये : जे० जे० गुडविन, मार्गरेट नोब्ल, और सेवियर दम्पति।

गुडविन का उल्लेख मैं कर ही चुका हूँ। उनकी भेंट विवेकानन्द से न्यूयार्क में १८९५ के अन्त में हुई थी। इनके प्रवचन शब्दशः लिख लेने के लिए एक कुशल आशुलिपिक की आवश्यकता थी; यथेष्ट रूप से शिक्षित वैसा कोई व्यक्ति सुलभ न था। युवक गुडविन इंग्लिस्तान से आये ही थे कि इस काम पर लगा दिये गये। एक पखवाड़े में उनके काम की परीक्षा होनी थी पर उसके पहले ही वह उस कथा से प्रबुद्ध होकर, जो उन्हें लिखायी जा रही थी, सब कुछ छोड़ गुरु की शरण आ गये। उन्होंने पारिश्रमिक लेने से इनकार कर दिया; रात-दिन एक समान वह विवेकानन्द के अनुचर होकर उनके साथ रहने और उनकी सेवा करने लगे। उन्होंने ब्रह्मचर्य-व्रत ले लिया। उन्होंने वास्तव में अपना जीवन गुरु को समर्पित कर दिया। गुरु ही उनका कुटुम्ब और देश सभी कुछ थे, गुरु के धर्म में पूर्ण अनुरक्ति की भावना से वह उनके साथ-साथ भारत आये और यहीं अकाल मृत्यु को प्राप्त हुए।

मार्गरेट नोब्ल का आत्मदान इससे कम पूर्ण न था। भगिनी निवेदिता के रूप में उनका नाम उनके इष्ट गुरु के साथ हमेशा लिया जायेगा—वैसे ही जैसे सन्त क्लारा का सन्त फ्रांसिस के साथ लिया जाता है (वैसे सच तो यह है कि प्रतापी विवेकानन्द में सन्त फ्रांसिस का-सा विनय-भाव नहीं ही था और वह किसी भक्त को स्वीकार करने से पहले उसकी निर्मम परीक्षा किया करते थे)। युवती मार्गरेट लन्दन के एक स्कूल की प्रधानाध्यापिका थीं। विवेकानन्द ने उनके स्कूल में प्रवचन किया और तत्काल वह उनके आकर्षण से अभिभूत हो गयीं। तो भी, बहुत समय तक उससे छूटने का प्रयत्न करती रहीं। वह उन लोगों में थीं जो विवेकानन्द के प्रत्येक व्याख्यान के बाद उनके पास आकर कहते थे : "यह तो ठीक है.....परन्तु......"

वह सदैव तर्क करती थीं और विद्रोह करती थीं, क्योंकि वह उन अंग्रेजों का नमूना थीं जिन्हें जीतना कठिन होता है, किन्तु जो एक बार पराजित होकर फिर अनन्य भक्त हो जाते हैं। विवेकानन्द ने स्वयं कहा था, 'इनसे अधिक विश्वसनीय प्राणी कोई नहीं।'

जब उन्होंने स्वामी विवेकानन्द को अपना जीवन सौंप देना स्थिर किया तब वह अट्ठाईस वर्ष की थीं। वह उन्हें भारत ले आये ताकि उन्हें हिन्दू स्त्रियों की शिक्षा के काम में लगा सकें और उन्होंने इनको हिन्दू हो जाने को, अपने मन, विचार, व्यवहार, सभी को हिन्दू-धर्मी बना लेने को, अपने अतीत की स्मृति भी गवाँ देने को बाध्य किया। मार्गरेट ने ब्रह्मचर्य व्रत ले लिया और भारतीय तपस्वी समाज में प्रवेश करने वाली पहली पाश्चात्य स्त्री का स्थान पाया। विवेकानन्द के साथ हम उन्हें इस वृत्तान्त में आगे भी पायेंगे; उन्होंने इनके कथोपकथन सुरक्षित कर रखे और पश्चिम में उनके प्रचार के लिए जितना किया, उतना और किसी ने नहीं किया।

सेवियर दम्पति की मैत्री भी अविकल समर्पण की ऐसी ही अटूट निष्ठा और आस्था से अनुप्राणित थी। श्री सेवियर उनचास वर्ष के अवकाश प्राप्त कप्तान थे। वह और उनकी पत्नी, दोनों के मन में धर्म-जिज्ञासा थी : दोनों विवेकानन्द के विचार, व्याख्यान और व्यक्तित्व से प्रभावित हुए। कुमारी मैकलियोड ने मुझे बताया, "विवेकानन्द का व्याख्यान सुनकर बाहर आते हुए श्री सेवियर ने मुझसे पूछा, 'इस युवक को जानती हो? क्या यह वही है जो दिखता है?' 'हाँ' 'तब इसका अनुसरण करके इसके साथ प्रभु को पाना होगा।' उन्होंने जाकर अपनी पत्नी से पूछा, 'क्या तुम मुझे स्वामी जी का शिष्य बनने दोगी?' उसने कहा, 'हाँ' और फिर अपने पति से पूछा, 'क्या तुम मुझे स्वामी जी की शिष्या बनने दोगे?' उन्होंने प्यार से परिहास किया 'ऐसा'?"

दोनों विवेकानन्द के सहचर हो गये। उन्होंने अपनी समस्त स्वल्प पूँजी एकत्र कर ली। परन्तु विवेकानन्द अपने इन वयस्क मित्रों के भविष्य के लिए उनसे अधिक चिन्तित थे और उन्होंने उनको सब सम्पत्ति अपने कार्य में लगाने नहीं दी : उन्हें बाध्य किया कि उसका एक अंश वह अपने निज के लिए रखें। वे दोनों विवेकानन्द को अपनी संरक्षित सन्तान जैसा मानते थे : विवेकानन्द ने निर्गुण ब्रह्म की उपासना के लिए जिस अद्वैत आश्रम की कल्पना हिमालय में की थी उसकी रचना में दोनों ने अपने को लगा दिया। विवेकानन्द के अद्वैतवाद ने ही उन्हें विशेषतया आकृष्ट किया था। विवेकानन्द के लिए भी वही प्राण-रूप था। श्री सेवियर का १९०१ में उसी मठ में देहान्त हुआ जो उन्होंने स्थापित किया था। श्रीमती सेवियर को उनसे और विवेकानन्द से भी अधिक आयु मिली। बालकों की शिक्षा में व्यस्त रहकर उस अकेली यूरोपीय महिला ने अधिकांश ऋतुओं में अगम्य पर्वतों से घिरे उस दूरस्थ स्थल में १५ वर्ष तक निवास किया।

"ऊबती नहीं हैं आप?" कुमारी मैमलियोड ने उनसे पूछा।

"उनका (विवेकानन्द का) स्मरण कर लेती हूँ।" सहज उत्तर मिला।

ऐसे वरेण्य मित्र इंग्लिस्तान ने अकेले विवेकानन्द को ही नहीं दिये हैं। महान् हिन्दुओं ने अंग्रेजों के मध्य अन्यतम उत्साही भक्त शिष्य और सहायक पाये हैं। रवीन्द्रनाथ ठाकुर के पियर्सन और गाँधी के एंड्रयूज अथवा 'मीराबेन' प्रख्यात हैं···अनन्तर कभी जब स्वतन्त्र भारत हिसाब जोड़ेगा कि ब्रितानी साम्राज्य ने उस पर क्या अत्याचार किये और क्या देन दी तो और कुछ नहीं तो ये पुनीत मैत्रियाँ ही असमानताओं से बोझिल तराजू को अस्थिर कर देंगी।

परन्तु इस देश में जहाँ विवेकानन्द का स्वर हृदय आन्दोलित कर रहा था उन्होंने अमरीका की तरह कोई संस्था प्रतिष्ठित करने का उद्योग नहीं किया : रामकृष्ण मिशन को अमरीका में ही विकास और वृद्धि प्राप्त हुई। क्या इसका कारण यह मान लिया जाये जैसा कि उनके एक अमरीकी शिष्य ने मुझसे कहा, उन्हें इंग्लिस्तान और यूरोप की बौद्धिक गुरुता का विचार था और उसके अनुकूल आध्यात्मिक शक्ति से सम्पन्न हिन्दू परिव्राजक बड़नगर के समाज में दुर्लभ थे। मैं तो समझता हूँ कि वह दु:सह क्लान्ति भी जो कभी-कभी उन पर तारी हो जाया करती थी, एक कारण थी। वह संसार से और उसके विधान से विरक्त हो गये थे। वह विश्रान्ति खोज रहे थे। घुन की तरह जो दोष छिपे-छिपे उनके शरीर का क्षय कर रहा था, उन्हें कई-कई दिनों तक के लिए अस्तित्व से विरक्त ही कर देता था। उन दिनों वह कुछ भी नया काम करने से इनकार कर देते; कहते कि मैं कोई संगठन-कर्ता नहीं हूँ। २३ अगस्त, १८९६ को उन्होंने लिखा, "मैंने आरम्भ कर दिया और आगे दूसरे सम्हालें। देखो न, कार्य आरम्भ करने के लिए मुझे एक बार धन सम्पत्ति को भी हाथ लगाना पड़ा। अब निस्सन्देह मेरा कर्तव्य शेष हुआ, मुझे अब वेदान्त में अथवा किसी धर्म-दर्शन में रुचि नहीं रही···कार्य में ही नहीं रही···उसका धार्मिक महत्व भी अब मेरे मन में क्षीण हो चला है···मैं चलने के लिए प्रस्तुत हो रहा हूँ ताकि इन नर्क में, इस संसार में फिर न लौटूँ।"

इस करुण चीत्कार की व्यथा वे समझ सकेंगे जो जानते हैं कि वह अपने क्षयकारी रोग के कारण कितने दारुण कष्ट में थे। कभी-कभी यही कष्ट असीम आनन्द बनकर प्रकट होता : समस्त ब्रह्माण्ड उन्हें एक शिशु-स्रष्टा का अतार्किक विनोद जान पड़ता था। किन्तु आनन्द और वेदना दोनों अनुभवों में उनकी असम्पृक्ति एक सी थी। संसार उनसे बिछुड़ रहा था। पतंग की डोर टूटने-टूटने को थी।

शुभचिन्तक, स्नेही मित्र उन्हें विश्राम के लिए एक बार फिर स्विट्जरलैंड ले गये। १८९६ की ग्रीष्म ऋतु का अधिकांश समय उन्होंने वहाँ बिताया और हिमालय की याद दिलाने वाले हिमाच्छादित शिखरों तथा निर्झरों को छूकर आती वायु से उनको अत्यन्त तोष प्राप्त हुआ। यहीं, आल्प्स के क्रोड़ में मांट ब्लांक और लिटिल सेंट बर्नार्ड के मध्य

एक गाँव में उन्हें यह प्रेरणा हुई कि हिमालय में एक आश्रम स्थापित किया जाये जहाँ उनके पूर्वी और पाश्चात्य शिष्य एकत्र हो सकें और सेवियर दम्पति ने, जो उनके साथ वहीं थे, यह प्रेरणा अकारथ नहीं जाने दी : इसे उन्होंने अपना जीवन-व्रत बना लिया।

इसी गिरि-प्रवास में उन्हें आचार्य पाल ड्यूसन का निमन्त्रण कुछ दिन उनके साथ कील में व्यतीत करने के लिए मिला। उससे मिलने की खातिर विवेकानन्द ने स्विट्जरलैंड में अपना प्रवास संक्षिप्त करके हीडेलबर्ग, कोबलेंज, कोलोन और बर्लिन के मार्ग से प्रस्थान किया : क्योंकि वह जर्मनी की कम से कम एक झलक पा लेना चाहते थे। वह उस देश की भौतिक समृद्धि और सांस्कृतिक महानता से प्रभावित भी हुए। मैंने 'शापेनहावर गेसेलशैफ्ट' के 'फारबख' में उनकी कील यात्रा और शापेनहावर सोसाइटी के संस्थापक से भेंट का वर्णन किया ही है। उनका जो हार्दिक स्वागत हुआ और परस्पर जो मधुर सम्बन्ध बना वह पाल ड्यूसन जैसे निष्ठावान वेदान्ती से अपेक्षित ही था। वह वेदान्त को 'सत्यान्वेषी मनुष्य की प्रतिभा की अमूल्य एवं गौरवमण्डित सृष्टियों में अन्यतम' ही नहीं 'शुद्ध नैतिकता का सबलतम समर्थक और जीवन-मरण की यातना के मध्य गम्भीरतम परितोष' मानते थे।

परन्तु विवेकानन्द के प्रीतिकर व्यक्तित्व, आध्यात्मिक तेज और प्रकाण्ड ज्ञान के प्रति आकृष्ट होते हुए भी ड्यूसन के रोजनामचे से यह नहीं प्रकट होता कि उन्हें अपने अतिथि युवक की महान् नियति का भी आभास मिला था। बाहर से प्रफुल्ल किन्तु भीतर से आर्त देशवासियों के दु:ख से जर्जर तथा स्वयं रोग-जीर्ण इस व्यक्ति की मनोव्यथा का अनुभव तो ड्यूसन कर ही नहीं सके। उन्होंने उसी विवेकानन्द को देखा जो उन महान् जर्मन विद्वान और संत भारत-हितैषी के सान्निध्य में प्रसन्न और कृतज्ञ हो गया था। कृतज्ञता का वह भाव विवेकानन्द ने कभी विस्मृत नहीं किया और उनके मन में कील ही नहीं हैम्बर्ग, ऐम्सटर्डम और लन्दन में ड्यूसन के साहचर्य की याद हमेशा ताजा बनी रही। इसे उन्होंने 'द ब्रह्मवादिन' में प्रकाशित एक लेख में अभिव्यक्ति देकर अमर कर दिया। इसमें विवेकानन्द ने उन महान् यूरोपीय आत्माओं के—विशेषतया मैक्समूलर और पाल ड्यूसन इन दो महानतम आत्माओं के—प्रति भारत की कृतज्ञता का स्मरण अपने शिष्यों को कराया है, जिन्होंने भारत को भारतीयों से भी अधिक अच्छी तरह चाहा और समझा था।

विवेकानन्द ने और दो मास इंग्लिस्तान में बिताये। इस बीच उन्होंने मैक्समूलर से दुबारा साक्षात और एडवर्ड कारपेंटर, फ्रेडरिक मायर्स और कैनन विल्बर फोर्स से परिचय किया एवं वेदान्त, माया और अद्वैत पर एक नयी व्याख्यान-माला पूर्ण की। परन्तु यूरोप में अब उन्हें और ठहरना सम्भव न था। भारत उन्हें पुकार कर वापस बुला रहा था। घर की याद ने उन्हें धर दबाया और वह थका-हारा आदमी, जो तीन सप्ताह पहले निराश, उद्विग्न स्वर से नये बन्धनों में पड़ना अस्वीकार कर चुका था, कह चुका था वह जीवन-

कर्म के कोल्हू से बस छूट निकलना चाहता है, तन-मन से कर्म-क्षेत्र में कूद पड़ा, अपने हाथों आप कोल्हू में जुत गया। विदा के समय अपने अंग्रेज मित्रों से उसने कहा था, ''इस शरीर को जीर्ण वस्त्र की भाँति उतार फेंकना, इसको छोड़ देना कदाचित श्रेयस्कर हो सकता है। परन्तु मनुष्य की सेवा···वह मैं नहीं छोड़ सकता।''

आजीवन सेवा, जन्म-जन्मातर में सेवा और सेवा के लिए ही पुनर्जन्म···हाँ, विवेकानन्द जैसा व्यक्ति बार-बार इस नर्क में लौटने को बाध्य है। यह उसकी नियति ही है; जीने का एकमात्र तर्क ही है बार-बार जन्म लेना, 'इस नर्क' की ज्वाला से संघर्ष करना; उससे झुलसते जनों को त्राण देना; उन्हें बचाने के लिए स्वयं अपनी आहुति दे देना ही उसका धर्म है।

विवेकानन्द ने १६ दिसम्बर १८९६ को इंग्लिस्तान से प्रस्थान किया और डोवर, कैले तथा मोंट सोनिस होते हुए इटली की संक्षिप्त यात्रा करके अपने यूरोप भ्रमण का उपसंहार किया। वह मिलान में द विंसी के 'द लास्ट सपर' को श्रद्धांजलि देने गये और रोम ने उन्हें विशेषतया प्रभावित किया; वह उनकी कल्पना में दिल्ली के तुल्य महत्वपूर्ण था। कैथलिक उपासना-पद्धति और हिंदू संस्कार-विधि में सर्वत्र उन्होंने समरूपता लक्ष्य की, उसकी गरिमा का अनुभव किया और उसके प्रतीक-सौन्दर्य तथा रागात्मक लालित्य का अनुमोदन अंग्रेजों के निकट किया जो वहाँ उनके साथ थे। आदि खीस्तानों का और कैटाकाम्ब की कब्रों में दफन शहीदों का स्मरण करके वह द्रवित हुए और शिशु खीस्त एवं कुमारी माँ के प्रति इतालियों की ममतालु श्रद्धा में सहभागी हुए। ये उनके मन से कभी बिसरे नहीं, इसके प्रमाण हैं, भारत और अमरीका में उनके प्रवचन जो मैं पहले ही उद्धृत कर चुका हूँ। स्विट्जरलैंड में एक बार वह पर्वत पर स्थित पूजाघर में जा पहुँचे। उन्होंने फूल चुने और श्रीमती सेवियर के हाथों उन्हें कुमारी के चरणों में अर्पित कराकर बोले, ''यह भी 'माँ' हैं।''

एक बार उनके एक शिष्य को यह अद्‌भुत विचार आया कि सिटाइन मैडोना (पोप सिक्स्टस के संग मरियम) का चित्र लेकर उस पर उनका आशीर्वाद प्राप्त किया जाय, पर विवेकानन्द ने विनम्रता से मना कर दिया और शिशु के चरण छूकर कहा, ''मैंने तो इन्हें आँसुओं से नहीं, अपने हृदय के रुधिर से पखारा होता।''

निस्सन्देह कहा जा सकता है कि खीस्त से उनका तादात्म्य अद्वितीय था और यह भी उनकी अनन्य धारणा थी कि ईश्वर और मनुष्य के उस मध्यस्थ की पूर्व और पश्चिम का मध्यस्थ भी होना होगा। क्योंकि पूर्व उसे अपना करके पहचानता है। वहीं से वह हमारे पास आया।

यूरोप से भारत आते हुए जहाज पर विवेकानन्द पूर्व और पश्चिम के दोनों लोकों के इस दिव्य सम्बन्ध का विस्तारपूर्वक मनन करते रहे। दोनों में सम्पर्क के और भी सूत्र थे। निर्लिप्त विद्यारत्नों ने अपनी एकान्त साधना से अन्धकार में जिस पथ का अन्वेषण करके

प्राचीनतम ज्ञान का, सच्ची भारतीय आत्मा का साक्षात किया था, वह भी एक सम्बन्ध था। एक और था; प्राची और प्रतीची दोनों में विवेकानन्द के शब्दों से जनसमुदाय में सहसा प्रदीप्त हो उठने वाला आध्यात्मिक चेतना का प्रकाश और शुद्ध निश्छल आत्माओं ने विवेकानन्द को जो आत्म-समर्पण किया था उसमें निहित उदार आस्था, सदाशयता का उन्मेष भी था, (नहीं मालूम कि विवेकानन्द विश्वविजेता नये पश्चिम को अथवा तर्क की तलवार और हिंसा के बघनखे से युक्त उसके जिरह-बख्तर को क्या कहते!) और फिर प्रेम के भूखे वे सहृदय मित्र थे जो उनके पीछे-पीछे आये थे (इनमें से दो, वृद्ध सेवियर-दम्पति, उसी जहाज पर उनके पास थे; वे यूरोप और अपना सारा अतीत विवेकानन्द के अनुचर बनने के लिये पीछे छोड़ आये थे)।

निस्सन्देह जब विवेकानन्द ने अपने ४ वर्ष के लम्बे तीर्थाटन का और उस सम्पत्ति का हिसाब जोड़ा जो वह अपने भारतीय जन के पास ले जा रहे थे तो पाया कि आध्यात्मिक सम्पदा से, आत्मा के वैभव से भारत का कुछ कम हित नहीं होने वाला था। तथापि, भारत की दरिद्रता दूर करना क्या सबसे आवश्यक और प्राथमिक नहीं था? पश्चिम के दुर्दान्त ऐश्वर्य-क्षेत्र से बटोरा हुआ जो मुट्ठी भर अन्न वह लाखों भारतीयों को विनष्ट होने से बचाने के लिए लाने गये थे, जिस आर्थिक साधन की उन्हें अपने देशवासियों के नैतिक-शारीरिक जीर्णोद्धार के लिए आवश्यकता थी वह सब तात्कालिक सहायता क्या वह उनके लिए ला रहे थे? नहीं, इस अर्थ में यात्रा विफल रही थी। उन्हें नये सिरे से अपना काम आरम्भ करना था। भारत का पुनरुद्धार भारत को ही करना था। संजीवन तो अपने अन्दर से ही मिलना था।

मृत्यु के सान्निध्य से परिचित होते हुए भी यह भगीरथ कार्य हमारा तरुण नायक निस्संशय उठाने वाला था और इसके योग्य एक ऐसी वस्तु पश्चिम की यात्रा ने उसे दे दी थी जो उसके पास पहले नहीं थी—वह थी प्रामाणिकता।

प्रत्यावर्तन

धर्म सम्मेलन में विवेकानन्द की विजय की कीर्ति भारत देर से ही पहुँची पर जब पहुँची तो राष्ट्रीय स्वाभिमान और उल्लास के झरने फूट निकले। समाचार सारे देश में फैल गया। पर बड़नगर के संन्यासियों को वह छः महीने तक न विदित हुआ और उन्हें पता ही नहीं चला कि शिकागो का विजयी नायक उनका ही बन्धु है। विवेकानन्द ने ही उन्हें बताया और उन्होंने आनन्द से भरकर राम-कृष्ण की भविष्यवाणी का स्मरण किया : ''नरेन संसार को आमूल झकझोर डालेगा।'' राजा, पंडित, सामान्य जन प्रफुल्लित हुए। भारत ने अपने दिग्विजयी वीर का गुणगान किया। भावुक मद्रास और बंगाल में उत्साह का ज्वार आ गया। शिकागो सम्मेलन के वर्ष भर बाद की बात है, ५ सितम्बर १८९४ की। कलकत्ते के टाउन हाल में एक सभा हुई। समाज के सभी वर्गों, हिन्दू धर्म के सभी सम्प्रदायों के प्रतिनिधि उपस्थित थे और वे विवेकानन्द का अभिनन्दन तथा अमरीका का धन्यवाद करने एकत्र हुए थे। प्रसिद्ध व्यक्तियों के हस्ताक्षर से एक विस्तृत पत्र अमरीका भेजा गया। कुछ राजनीतिक दलों ने विवेकानन्द के कार्य का लाभ उठाना चाहा, परन्तु जब विवेकानन्द को यह विदित हुआ तो उन्होंने तीव्र विरोध किया। उन्होंने प्रत्येक ऐसे आन्दोलन में सम्मिलित होने से इनकार कर दिया जो निःस्वार्थ न हो।

''मुझे सफलता की या असफलता की चिन्ता नहीं''' मैं अपना आन्दोलन शुद्ध रखूँगा, न रख सकूँगा तो छोड़ दूँगा।''

जो हो मद्रास के अपने तरुण शिष्यों से उन्होंने कभी सम्पर्क टूटने न दिया था और उन्हें वह बराबर स्फूर्तिप्रद प्रेरणादायक पत्र लिखते रहे थे : वह उन्हें आमरण आस्थावान विनम्र ईश्वर-पुत्रों की सेना के रूप में देखना चाहते थे''' ''बन्धुओ, हम निःस्व हैं, अकिंचन हैं परन्तु अकिंचन ही तो सदैव परमेश्वर के निमित्त बने हैं।''

पश्चिम से भेजे उनके पत्रों में आगामी अभियान की सूचना रहती थी—

''भारत के जन-समुदायों का उन्नयन हमारा एकमात्र कर्तव्य है''—और इस हेतु हमें ''छिटपुट शक्तियों का संयोजन, आज्ञाकारिता का संस्कार और संगठित सेवा-भावना का विकास करना होगा।'' उन्होंने दूर देश में रहते हुए भी अपने शिष्यों की प्रगति पर दृष्टि रक्खी और उन्हें मद्रास की 'द ब्रह्मवादिन' नामक वेदान्ती पत्रिका प्रकाशित करने, अपनी अनुपस्थिति में अपना चिह्न जीवित रखने के लिए धन भेजा। ज्यों-ज्यों देश लौटने

की तिथि निकट आती गयी त्यों-त्यों, थकान के बोझ के बावजूद, उनके सन्देशों में आह्वान का स्वर स्पष्ट होता गया :

"बड़े-बड़े काम करने को पड़े हैं⋯भय मत करो मेरे बालको, साहस करो⋯मैं लौट रहा हूँ और जो कुछ करना है उसे आरम्भ करने का यत्न करूँगा। बढ़े चलो, निर्भय आत्माओ, ईश्वर तुम्हारे साथ है।

उन्होंने मद्रास और कलकत्ते में तथा अनन्तर बम्बई और इलाहाबाद में प्रधान कार्यालय स्थापित करने का विचार घोषित किया। एक केन्द्रीय संगठन के अधीन वह रामकृष्ण के अनुयायी बन्धुओं और अपने पाश्चात्य शिष्यों तथा सहायकों को एकत्र करके मिशन बना देना चाहते थे; सेवा और अखिल प्रेम के व्रत से ये भारत और विश्व को जय करेंगे।"

अतएव, आदेश-पालन के लिए प्रस्तुत उनकी सेना उन्हें मिलेगी, यही आशा लेकर वह लौटे थे। उन्होंने कभी आशा नहीं की थी कि समस्त राष्ट्र, भारत का विविध जन-संकुल पश्चिम-विजेता अपने नायक को स्वदेश लाने वाले जहाज की प्रतीक्षा में आँखें बिछाये मिलेगा। बड़े नगरों में समाज के सब वर्गों ने मिलकर उनके स्वागत के लिए समितियाँ बनायीं। घर-द्वार तोरणों-बन्दनवारों से सजाये गये। उत्साह ऐसा प्रबल था कि अनेक अधीर होकर दक्षिण भारत की ओर उमड़ पड़े, जहाँ श्रीलंका में उनका जहाज लगने वाला था, ताकि सबसे पहले वे ही उनका स्वागत कर सकें।

१९ जनवरी १८९७ को जब उनका आगमन हुआ तो कोलम्बो के तट पर एकत्र समुदाय के जयघोष से आकाश निनादित हो उठा। भीड़ चरण-स्पर्श को दौड़ पड़ी। आगे-आगे पताकाओं के साथ जुलूस निकाला गया। स्तोत्र-पाठ हो रहा था, गंगाजल-गुलाबजल छिड़का जा रहा था; घरों के द्वार पर सुगन्धित धूप जल रही थी; निर्धन और धनवान सैकड़ों दर्शनार्थी भेंट चढ़ा रहे थे।

और विवेकानन्द ने भारत-भूमि की दक्षिण से उत्तर तक फिर से प्रदक्षिणा की जैसे कि वह पहले भिक्षुक के रूप में पैदल कर चुके थे। आज उनकी यात्रा कीर्ति-यात्रा थी और उनके पीछे-पीछे भावाकुल अनुयायी चल रहे थे। राजाओं ने सामने आकर दंडवत प्रणाम किया और उनका वाहन खींचा। तोपों ने सलामी दी और हाथियों और ऊँटों से सुसज्जित जुलूसों में भजन-मंडलियों ने जूडास मैकेबस की विजय का गीत गाया।

विवेकानन्द संघर्ष से नहीं भागे थे, विजय के क्षण से भी नहीं विमुख हुए। उनका कहना था कि यह मेरा नहीं मेरे लक्ष्य का सम्मान है और ईश्वर ही जिसका एकमात्र सम्बल था, ऐसे एक अपरिग्रही अनाम, अनिकेतन संन्यासी के राष्ट्रव्यापी सम्मान के असाधारण वैशिष्ट्य को उन्होंने सार्वजनिक रूप से स्वीकार किया। उन्होंने अपने पुनीत अभियान की प्रगति के लिए अपने साधन संगठित किये। वह स्वयं रुग्ण थे और उन्हें विश्राम हितकर होता, परन्तु उन्होंने अतिमानवीय परिश्रम किया। वह जिस पथ से गये अपने विलक्षण व्याख्यानों द्वारा अपनी ज्योति चारों ओर प्रसारित करते गये; भारत ने ऐसे मधुर एवं ओजस्वी

भाषण कभी नहीं सुने थे; सारा देश आन्दोलित हो उठा? मुझे यहीं ठहर जाना उचित है, क्योंकि ये भाषण उनके चरमोंत्कर्ष के प्रतीक हैं। वह धरती के दूसरे लोक में अभियान करके एक सम्पूर्ण अनुभव लेकर लौटे थे। पश्चिम के दीर्घ संपर्क ने उन्हें भारत की एक आत्मा का और भी सच्चा अनुभावन करने की सामर्थ्य दे दी थी। दूसरी ओर, पश्चिम के पौरुष और वैविध्य के लिए भी उनके मन में आदर जागृत हुआ था। दोनों ही उन्हें एक समान महत्वपूर्ण प्रतीत हुए क्योंकि दोनों परस्पर पूरक थे। बस उनका सम्मिलन कराने वाली वाणी की प्रतीक्षा थी और यह वाणी विवेकानन्द के कंठ से ही मुखरित होनी थी।

कोलम्बो में उनके व्याख्यानों से जनमानस आंदोलित हो रहा था (इंडिया द होली लैंड; द वेदान्त फिलासफी); अनुराधापुर के अंजीर वृक्ष की छाँह तले उन्होंने धर्मान्ध बौद्धों की एक भीड़ का सामना करके 'विश्व-धर्म' का प्रतिपादन किया; रामेश्वर में ख्रीष्ट के उपदेश के ही तुल्य यह सन्देश दिया : "दरिद्र में, क्लिन्न में, संतप्त में शिव का दर्शन करो"—और यह सुनकर स्थानीय राजा करुणा से विगलित होकर दानातुर हो उठे—तो भी अपनी कार्य-शक्ति का सर्वोपम परिचय उन्होंने मद्रास में दिया। मद्रास विह्वल होकर कितने ही सप्ताह से उनकी बाट जोह रहा था। इस नगरी ने नौ दिन तक सब काम छोड़कर स्वागतोत्सव मनाया—सत्रह विजय-द्वार सजाये गये और हिन्दुस्तान की विभिन्न भाषाओं में चौबीस मानपत्र प्रस्तुत किये गये।

विवेकानन्द ने आह्लाद-पूरित आतुर जनों को भारत के प्रति सन्देश द्वारा तुष्ट किया : यह मानो राम, शिव और कृष्ण की धरती को जागरण का शंखनाद था—वह मानव की अपराजेय अक्षय आत्मा का आह्वान कर रहे थे। सेनापति की भाँति वह अपने अभियान की योजना समझाते हुए अपने जनों को एक साथ उठ खड़े होने के लिऐ पुकार रहे थे :

"मेरे भारत, जागो! कहाँ है तुम्हारी प्राणशक्ति? तुम्हारी ही अन्तरात्मा में है वह···

"प्रत्येक व्यक्ति के सदृश प्रत्येक राष्ट्र के भी जीवन का एक आशय होता है, वही उसके केन्द्र में रहता है। उसी वादी स्वर का अवलम्बन करके अन्य स्वर उसके संगीत की सृष्टि करते हैं। जो कोई राष्ट्र अपना जातीय प्राणतत्त्व छोड़ने का उपक्रम करता है, शताब्दियों के प्रवाह से अर्जित अपनी दिशा तजने लगता है, वह नष्ट हो जाता है। किसी देश का प्राण है राजनीतिक स्वत्व—जैसे इंग्लिस्तान का है। किसी का प्राण है कला और किसी का कुछ और, इत्यादि। भारत का प्राण-केन्द्र है धर्म; जातीय जीवन-संगीत का वही आदि स्वर है···अतएव तुम धर्म का परित्याग कर राजनीति या समाज का वरण करोगे तो परिणामतः निःशेष हो जाओगे···समाज-सुधार और राजनीति का प्रचार करना तो वह धर्म की शक्ति से ही होगा···प्रत्येक जन को अपना पथ वरण करना होता है, प्रत्येक राष्ट्र को भी। हम वह युगों पूर्व वरण कर चुके हैं और वह है अनित्य आत्मा में आस्था का पथ···है कोई जो इससे विचलित हो सकता है···अपना स्वभाव ही कैसे तुम छोड़ दोगे?

"चिन्ता मत करो : तुम्हें जो मिला है गुरुतर है: अपने अन्तर की शक्ति से काम लो। वह इतनी प्रबल है कि उसे जान पाओ और उसके योग्य बन लो तो विश्व में क्रान्ति कर डालोगे। भारत आध्यात्मिक गंगा है। आंग्ल-सैक्सन जाति के सांसारिक वैभव ने उसके प्रवाह को बाँधा तो क्या सुगम ही किया है। इंग्लिस्तान के पराक्रम ने विश्व के राष्ट्रों को संगठित किया है। उसने सब बंध खोल दिये हैं कि भारत की आत्मा का पारावार दिग्दिगन्त को आप्लावित कर सके (विवेकानन्द चाहते तो कह सकते थे, क्योंकि वह सत्य को जानते थे, कि रोम-साम्राज्य भी इसी प्रकार ख्रीष्ट के उत्कर्ष का निमित्त हुआ था…)।

"किन्तु भारत की आत्मा है क्या? क्या है यह नयी आस्था, यह नया संदेश जिसकी समस्त संसार प्रतीक्षा कर रहा है?…

"आज संसार हमसे जिस एक और विराट प्रेरणा की आशा करता है—श्रेष्ठ वर्गों की अपेक्षा निम्न वर्ग, शिक्षितों की अपेक्षा अशिक्षित, समर्थ की अपेक्षा विपन्न इसके लिए अधिक उत्सुक हैं…वह निखिल विश्व की आध्यात्मिक एकता की प्रेरणा है…वही एक चिर यथार्थ है जो तुममें ही नहीं प्राणिमात्र की अन्तरात्मा में वास करता है। आत्मा की अखण्ड अभिन्नता ही इस चिर सत्य को जन्म देती है कि तुम और मैं भाई-भाई ही नहीं हैं, यथार्थ में एक ही हैं…इस सत्य की आज हमारे देश के दलित वर्गों का ही नहीं यूरोप को भी आकांक्षा है और आज भी जाने-अनजाने वही महान् सिद्धान्त इंग्लिस्तान, जर्मनी, फ्रांस और अमरीका के नवीन राजनीतिक-सामाजिक उन्मेषों को आधार दे रहा है।"

इसके अतिरिक्त यही तो उस प्राचीन वेदान्त दर्शन का, अद्वैतवाद का मूल तत्व है जो भारत की सनातन आत्मा का गम्भीरतम पवित्रतम…उद्घोष है।

"मैंने यह आलोचना होती सुनी है कि मैं अद्वैत का अत्यधिक और द्वैत का अत्यल्प प्रचार करता हूँ। अवश्य मैं जानता हूँ कि द्वैत विचार के तल में परमानन्द के, दिव्य प्रेम के, कैसे-कैसे प्रभामय स्रोत छिपे हुए हैं। मैं यह सब समझता हूँ। पर आज हमारे द्रवित होने का, आनन्द से द्रवित होने का भी समय नहीं है। हमारी चिर-दीनता ने हमें आज धुनी कपास के समान निरीह कर डाला है…देश आज हमसे लोहे की पेशियाँ और इस्पात के स्नायु माँग रहा है, अदम्य मनोबल चाहिए जो किसी के तोड़े न टूटे, जो…अतल सागर के अन्तर को भेदकर मृत्यु से दो-दो हाथ करके भी अपना लक्ष्य सिद्ध कर दिखाये। वही आज हमारा अभीष्ट है और उसे हम प्राणिमात्र की अनन्यता का, अद्वैत का आदर्श हृदयंगम करके, आत्मसात करके ही अपने में विकसित और परिपुष्ट कर सकते हैं। आस्था, आस्था, अपने में आस्था—यदि तुम्हें तैंतीस कोटि देवताओं में और उन सब देवताओं में भी आस्था हो जो विदेशियों ने हमारे मध्य प्रतिष्ठित कर दिये हैं, परन्तु अपने में आस्था न हो तो तुम्हारा निर्वाण असम्भव है। अपने में आस्था रखो, आत्मबल

के सहारे खड़े हो···क्यों हम तैंतीस कोटि जन गत सहस्त्र वर्ष से जिस-तिस विदेशी आक्रान्ता के मुट्‌ठी भर व्यक्तियों द्वारा शासित होते रहे? क्योंकि उनमें आत्मबल था और हममें नहीं था। मैं समाचार-पत्रों में पढ़ता हूँ कि जब कोई एक अंग्रेज हमारे किसी दीन-हीन भाई को मार डालता है अथवा अपमानित करता है तो कैसे सारा देश चीत्कार कर उठता है। मैं पढ़ता हूँ और रोता हूँ और तभी यह प्रश्न मन में जागता है कि कौन इसका उत्तरदयी है···अंग्रेज नहीं हैं···हम, अपने पतन के हम ही उत्तरदायी हैं। हमारे ऐश्वर्यशाली पूर्वज देश के साधारणजन को पाँव तले इतने दिनों से रौंदते चले आ रहे हैं कि वह निरुपाय हो गया है, अत्याचार सहते-सहते निःस्व, दरिद्र, मानो भूल ही गया है कि वह भी मनुष्य है। शताब्दियों से अभिशप्त जो मनुष्य केवल लकड़ी चीरता और पानी भरता चला आ रहा है···वह आज मानने लगा है कि वह जन्म का दास है लकड़ी चीरने, पानी भरने को ही जन्मा है।

"इसलिए मेरे भावी सुधारको, देशभक्तो, देखो अनुभव करो। अनुभव करते हो? अनुभव करते हो कि देवताओं और ऋषियों की करोड़ों सन्तान आज असुरों के और राक्षसों के समाज में रहने को बाध्य है? अनुभव करते हो कि लाखों जन आज ब्रुभुक्षित हैं और लाखों एक युग से बुभुक्षित रहे हैं? अनुभव करते हो कि अज्ञान ने अन्धकार की घटा के सदृश देश को आच्छादित कर लिया है? यह सब अनुभव करके क्या तुम अधीर नहीं होते? यह सब जानना क्या तुम्हारी नींद नहीं हर लेता, तुम्हें क्षोभ से पागल नहीं कर देता? क्या तुम दारिद्र्य की यातना को पहचान कर उससे संत्रस्त हुए हो? नाम, ख्याति, पत्नी-पुत्र, धन-सम्पत्ति ही नहीं अपनी देह को भी भूल चुके हो?···वही तो देशभक्त की साधना का प्रथम सोपान है···युगों से जनता को आत्मग्लानि का पाठ पढ़ाया गया है। उसे सिखाया गया है कि वह नगण्य है। संसार में सर्वत्र जनसाधारण को बताया गया है कि तुम मनुष्य नहीं हो। शताब्दियों तक वह इतना भीरु रहा है कि अब पशु-तुल्य हो गया है। कभी उसे अपने आत्मन् का दर्शन नहीं करने दिया गया। उसे आत्मन् को पहचानने दो—जानने दो कि अधमाधम जीव में भी आत्मन् का निवास है—जो अनश्वर है, अजन्मा है—जिसे न शस्त्र छेद सकता है, न अग्नि जला सकती है, न वायु सुखा सकती है; जो अमर है, अनादि है, अनन्त उसी निर्विकार, सर्वशक्तिमान, सर्वव्यापी आत्मन् को जानने दो···

"किसी भी जाति के, कुल के हों, हीन हों, समर्थ हों, सभी मनुष्य, नर-नारी और शिशु आज सुनें और समझें कि क्षुद्र में, श्रेष्ठ में, धनी में, निर्धन में सभी के अन्तरतम में उसी एक परब्रह्म का निवास है। वही सब को एक समान आत्मोन्नयन की अनन्त सामर्थ्य देता है। आज हम मनुष्य मात्र का आह्वान करें—उठो, जागो, और लक्ष्य सिद्ध करो। उठो, जागो, त्यागो यह मोह-निद्रा। कोई भी असहाय नहीं है। अन्तरात्मा तो सर्वशक्तिमान, सर्वज्ञ और अनन्य है। सिर उठाओ, आत्मबल को पहचानो, अपने अन्तर्यामी को स्वीकारो, उससे विमुख मत हो···

"हम उस धर्म के अन्वेषी हैं जो मनुष्य का उद्धार करे···हम सर्वत्र उस शिक्षा का प्रसार चाहते हैं जो मनुष्य को मुक्त करे। मनुष्य का हित करें ऐसे ही शास्त्र हम चाहते हैं। सत्य की कसौटी हाथ में लो···जो कुछ तुम्हें मन से, बुद्धि से, शरीर से निर्बल करे उसे विष के समान त्याग दो, उसमें जीवन नहीं है, वह मिथ्या है, सत्य हो ही नहीं सकता। सत्य शक्ति देता है। सत्य ही शुचि है, सत्य ही परम ज्ञान है···सत्य शक्तिकर होगा ही, कल्याणकर होगा ही, प्राणप्रद होगा ही···यह दैन्यकारक प्रमाद त्याग दो, शक्ति का वरण करो···कण-कण में ही तो सहज सत्य व्याप्त है—तुम्हारे अस्तित्व जैसा ही सहज है वह···उसे ग्रहण करो···

"मेरी परिकल्पना है हमारे शास्त्रों का सत्य देश-देशान्तर में प्रचारित करने की योग्यता नवयुवकों को प्रदान करने वाले विद्यालय भारत में स्थापित हों। मुझे और कुछ नहीं चाहिए, साधक चाहिए; समर्थ, सजीव, हृदय से सच्चे नव-युवक मुझे दो, शेष सब आप ही प्रस्तुत हो जायेगा। सौ ऐसे युवक हों तो संसार में क्रान्ति हो जाये। आत्मबल सर्वोपरि है, वह सर्वजयी है क्योंकि वह परमात्मा का अंश है···निस्संशय तेजस्वी आत्मा ही सर्वशक्तिमान है···

"यदि शूद्र की अपेक्षा ब्राह्मण विद्या का सुपात्र इसलिए है कि वह कुलीन है तो ब्राह्मण शिक्षार्थी के लिए कुछ भी धन मत व्यय करो, सब कुछ शूद्र के लिए करो। असमर्थ को दो, क्योंकि उसे दान का प्रयोजन है। यदि ब्राह्मण जन्म से गुणी है तो वह स्वाध्यायी भी हो सकता है······यही मेरे निकट न्यायोचित होगा, तर्कसंगत होगा।

"सब मिथ्या देवी-देवताओं को भुला दो, पचास वर्ष तक कोई उनका स्मरण न करे! यह हमारी जाति ही एकमात्र ईश्वर है, सशरीर वह सर्वत्र उपस्थित है, सर्वत्र उसकी भुजाएँ, सर्वत्र उसके चरण, सर्वत्र उसके चक्षु विद्यमान हैं। शेष सब देवता प्रसुप्त हैं। चतुर्दिक व्याप्त इस विराट् को छोड़कर हम और किस ईश्वर को भजने जायें। सब पूजाओं में श्रेष्ठ है इसी विराट् की पूजा अर्थात् यही हमारे परिवेशी प्राणि-समाज की सेवा—ये सब पशु, मानव आदि ही हमारे देवता हैं और हमारे सर्वप्रथम आराध्य हैं हमारे देशवासी, हमारे जातीय बन्धु······"

इन शब्दों का कैसा घन-गम्भीर घोष गूँज-गूँजकर उमड़ा होगा! इसकी कल्पना करते ही पाठक भारतीय समुदाय के और स्वयं विवेकानन्द के स्वर में स्वर मिलाकर 'शिव शिव' गा उठना चाहेंगे।

झंझावात आकर चला गया; अपनी ज्वाला और अपना जल भूमि पर बरसा गया। मनुष्य में आत्मशक्ति को, प्रसुप्त ब्रह्म को और उसकी असीम सम्भावनाओं को जगा गया। मैं उस भविष्यवक्ता को वैसे ही भुजा उठाये तनकर खड़े देख रहा हूँ जैसे रेम्ब्रां द्वारा खचित चित्र में यीशु लज़ारस की समाधि पर खड़े हैं : मृतकों को संजीवन देने की उनकी भंगिमा से ऊर्जा प्रवाहित हो रही है·····

क्या मृतकों को नवजीवन मिला? क्या भारत विवेकानन्द की वाणी से विभोर होकर उस द्रष्टा की आशा के अनुसार कर्मरत हुआ? क्या आक्षितिज मुखर उत्साह, कार्यरूप पा सका? उस समय तो ऐसा ही प्रतीत हुआ जैसे कि प्रज्वलित अग्निशिखा धुएँ से आवेष्टित होकर रह गयी हो। दो वर्ष बाद विवेकानन्द ने खिन्न होकर कह डाला कि मेरी सेना के योग्य नवयुवकों का संग्रह भारत मुझे नहीं दे सका। मिथ्या स्वप्रवादिता से ग्रस्त, पूर्वग्रह से बँधे और स्वल्प प्रयत्न में ही निस्तेज हो जाने वाले जनसमाज का संस्कार क्षण में बदल देना सम्भव नहीं है। परन्तु नियंता के निर्मम कशाघात से भारत ने सोते में पहली बार करवट ली और पहली बार उसने स्वप्न में अपनी प्रगति का शंखनाद सुना। उसे अपने ब्रह्म का बोध हुआ। भारत ने यह स्वप्न कभी विस्मृत नहीं किया। उसी दिन से तन्द्रालस विशाल भारत का जागरण आरम्भ हुआ। विवेकानन्द के निधन के तीन वर्ष पश्चात् तिलक और गाँधी के महान् आन्दोलन के श्रीगणेश के रूप में जो बंग-विद्रोह आगत पीढ़ी के सामने हुआ और भारत में आज तक जो संगठित जन आन्दोलन हुए वे सब 'मद्रास के सन्देश' में निहित 'लजारस आगे बढ़ो' की गुरु गम्भीर पुकार के कारण हुए जिसने बहुतों को जगाया है। इस ओजस्वी सन्देश का दोहरा अर्थ था—एक देश के लिए और दूसरा विश्व के लिए। अद्वैतवादी विवेकानन्द के मन में तो उसका व्यापक अभिप्राय ही प्रधान था, परन्तु भारत का पुनरुज्जीवन दूसरे अर्थ ने ही किया। उससे राष्ट्रवाद की वह उत्कट लालसा तृप्त होती थी जिससे आज संसार ग्रस्त है—जिसका सांघातिक प्रभाव आज सर्वत्र देखा जा रहा है। यों कहें कि आदि से ही उस सन्देश में जोखिम भरा था। यह भय अकारण नहीं था कि उसके आध्यात्मिक महत्व की आड़ में क्षुद्र जातिगत अभिमान के मूर्ख और उग्र पोषक अपना ही स्वार्थ सिद्ध करेंगे। यह जोखिम हमारा जाना हुआ है—हमने ऐसे बहुत से आदर्शों को, पवित्रतम आदर्शों को, अत्यन्त घृण्य जातीय भावनाओं के पोषण के लिए विकृत किये जाते देखा है! परन्तु विशृंखल भारतीय लोक समाज को बिना अपने राष्ट्र की एकता का अनुभव कराये उसे विश्व मानव की एकता का बोध कराना सम्भव भी कैसे होता? एक के माध्यम से ही दूसरे तक पहुँचा जा सकता है। हो, किन्तु मैं एक अन्य मार्ग ही उत्तम मानता हूँ। वह अपेक्षया अधिक दुर्गम है परन्तु अपेक्षया अधिक सीधा भी है, क्योंकि मैं भली-भाँति जानता हूँ कि राष्ट्र-चेतना के मार्ग से आगे पहुँचने के इच्छुक अधिकांश में उसी चेतना से बँध कर रह जाते हैं। उनकी श्रद्धा और अनुभूति मार्ग में ही चुक जाती है……जो हो, वह विवेकानन्द का अभीष्ट न था क्योंकि इस विषय में वह गाँधी के समान ही मानव-सेवा के प्रयोजन से ही राष्ट्र-जागरण के अभिलाषी थे। इस पर भी विवेकानन्द जैसा व्यक्ति गाँधी जैसे व्यक्ति से अधिक सतर्क होने के कारण राजनीतिक कार्य में धर्म-भावना के प्राधान्य की वह चेष्टा कभी उचित न मानता जो गाँधी ने की थी; जैसा कि अमरीका से आये उनके पत्रों से प्रकट है—वह निरन्तर अपने और राजनीति के मध्य नंगी तलवार रखे रहे—"मुझे छूना नहीं"—"राजनीति के प्रलाप से मुझे कोई मतलब नहीं।" साथ

ही विवेकानन्द जैसे व्यक्ति के लिए अपने स्वभाव और अपनी अन्तरात्मा का अनुसरण भी अनिवार्य ही होता; स्वाभिमानी भारतीय बहुधा आंग्ल-सैक्सन-विजेता के हाथों अत्याचार अथवा तिरस्कार पाकर उग्र प्रतिशोध माँगा था : तब न चाहते हुए भी उन्हें राष्ट्रवाद के भयंकर भावावेग में अंशदान करना ही पड़ता, भले ही उनके मत से वह निन्दनीय हो। यह आन्तरिक संघर्ष अक्टूबर, १८९८ के प्रारम्भ तक चला : एक दिन काश्मीर के एक काली मन्दिर में एकान्त चिन्तन करके (तब भारत की दुर्दशा और पीड़ा से उनका मन उद्विग्न था) वह निर्भ्रान्त होकर बाहर निकले और निवेदिता से बोले, "मेरा देश-प्रेम सब चला गया……वह मिथ्या था……माँ काली ने मुझसे कहा, 'क्या हुआ यदि विधर्मियों ने मेरे घर में घुसकर मेरी प्रतिमा दूषित की है। तुमको उससे क्या? क्या तुम मेरे रक्षक हो? या मैं तुम्हारी रक्षिका हूँ?, अतः अब देश-प्रेम का प्रमाद मिट गया। अब तो मैं केवल शिशुवत् रह गया हूँ।

परन्तु झंझावात के आप्लावनकारी कोलाहल में, मद्रास-भाषणों के प्रवाह के गर्जन में जनता काली की गुरुगम्भीर वाणी न सुन सकी जो मनुष्य के दम्भ को छाँट सकती थी। जन-समुदाय आवेग में, उल्लास में एक ओर बह चला।

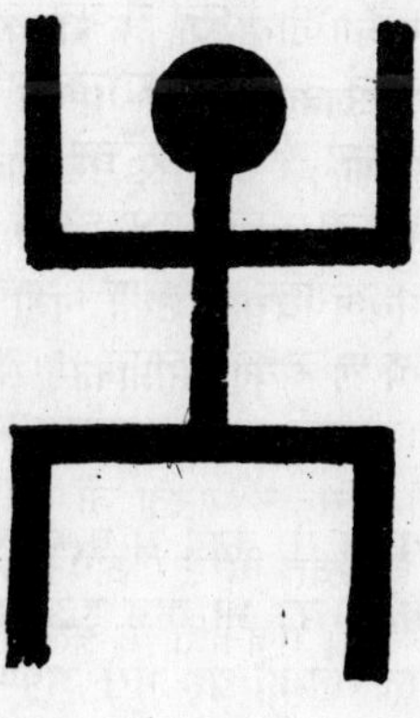

रामकृष्ण मिशन की स्थापना

वास्तविक जननायकों से छोटे से छोटा ब्यौरा भी चूकता नहीं। विवेकानन्द जानते थे कि यदि एक महान् लक्ष्य की सिद्धि के लिए वह समाज का पथ-प्रदर्शन करना चाहते हैं तो उसके मन की सोयी शक्ति जगा देना ही यथेष्ट नहीं : उसे एक आध्यात्मिक संगठन प्रदान करना होगा। चुने हुए कार्यकर्त्ता संसार के सम्मुख नवीन मानव के आदर्श रूप में प्रस्तुत करने होंगे : उनका होना ही नई व्यवस्था का आधार बनेगा। इसलिए विवेकानन्द ने मद्रास और कलकत्ते के स्वागत समारोहों से छुट्टी पाते ही तत्काल अपना ध्यान आलम बाजार के अपने आश्रम पर केन्द्रित किया।

अपने गुरु भाइयों को अपनी चिन्तनधारा के अनुकूल वह कठिनाई से ही बना पाये। यह तो मुक्ताकाश में विचरण करते हुए विश्व के विराट् क्षितिजों को दृष्टि में बाँध चुके थे और वे घर की दीवारों के भीतर व्रत नियमादि की साधना करते बैठे रहे थे। अपने महान् भाई के लिए उनके मन में अनुराग तो था पर वे उसे मानो पहचान नहीं पा रहे थे। वे समाज और देश की सेवा का वह नया आदर्श आत्मसात् नहीं कर पा रहे थे जो विवेकानन्द को अनुप्राणित कर रहा था। अपने पुराणपंथी पूर्वाग्रह, अपनी धर्मगत अद्वितीयता, शान्तिपूर्वक चिन्तन-ध्यान की अपनी निष्कंटक दिनचर्या छोड़ पाना उनके लिए कष्टकर था; और बड़ी सच्चाई से वे तुरन्त तर्क भी कर सकते थे कि उनका आत्मनिष्ठ आचरण धर्मानुकूल है। उन्होंने गुरु रामकृष्ण का और उनकी अनासक्ति का दृष्टान्त दिया। परन्तु विवेकानन्द का दावा था कि रामकृष्ण के गूढ़ दर्शन को मैंने ही आत्मसात् किया है। मद्रास और कलकत्ते ने घन-गम्भीर भाषणों में उन्होंने जो कहा था रामकृष्ण को साक्ष्य मानकर कहा था : ''मेरे गुरु, मेरे आदर्श, मेरे पूज्य, इस जन्म में मेरे लिए वही ईश्वर हैं।'' वह अपने को परमहंस की वाणी का वाहक ही मानते रहे, यहाँ तक कि अपने लिए किसी भी नवीन विचार-शैली, नयी साधना का श्रेय लेने को तैयार नहीं हुए। उन्होंने यही कहा कि मैं तो केवल आज्ञाकारी सेवक हूँ, गुरु-आदेश का यथार्थ पालन कर रहा हूँ।

''मुझसे, मेरे विचार से, वचन से, कार्य से कभी भी सिद्ध हुआ हो, मेरे मुख से निकले किसी शब्द से कहीं किसी का भी हित हुआ हो तो वह मेरा श्रेय नहीं, वह उन्हीं का है......जो कुछ भी न्यून रहा हो वह मेरी अपूर्णता है, जो कुछ भी जीवनप्रद,

शक्तिप्रद, पुनीत और पवित्र रहा हो वह उनकी प्रेरणा, उनकी वाणी, उन्हीं का साक्षात है।"

रामकृष्ण के उभय रूप—एक वह जिसके विशाल वत्सल पंख अपनी छाया में नीड़वासी शिष्यों का संरक्षण करते रहे। दूसरा वह जो उन्हीं पंखों के सहारे अपने परम शिष्य के निमित्त से विश्व-विहार करता रहा—दोनों में द्वन्द अनिवार्य था। किंतु विजय का निर्णय किसके पक्ष में होगा यह संशय का विषय था ही नहीं। वह स्वतः सिद्ध था और युवक विजेता का अपरिमित पराक्रम; उसकी श्रेष्ठ प्रतिभा और भारतव्यापी उसका जयजयकार—ये ही इस विजय के अकेले कारण नहीं थे—अपने बन्धुओं से और रामकृष्ण से उन्हें जो स्नेह मिला था वह भी एक कारण था। वह गुरु के अभिषिक्त शिष्य थे।

अतएव वे सब हृदय से प्रत्येक बार सहमत न होते हुए भी विवेकानन्द के आदेश मानने लगे। विवेकानन्द ने अपने गुरु-भाइयों को बाध्य किया कि वे यूरोपीय शिष्यों को अंगीकार करें और सेवा का, परोपकार का व्रत धारण करें। उन्होंने यह कठोर निषेध कर दिया कि अब केवल अपनी और अपने मोक्ष की चिन्ता नहीं करनी होगी। उन्होंने घोषणा की कि वह एक नया संन्यासी-समाज रचने आये हैं जो परसेवा के लिए आवश्यक हो तो नर्क भोगने को भी तैयार रहेगा। एकाकी उपासना के आराध्य जड़ भगवान् की अब और आवश्यकता नहीं। हम सजीव भगवान् की आराधना करें—आगत भगवान् की, विराट की, जो सर्वात्मन् है—और प्रत्येक मनुष्य के अन्तरतम में सोया ब्रह्मतेज जागृत करें।

युवा गुरु के उद्‌बोधन में ऐसी स्फूर्ति थी कि उनके सद्‌बन्धुओं ने, जिनमें से अनेक वय में अपेक्षया बड़े थे, उनके कथनों को हृदयंगम करने के पहले ही सहमति दे दी। मठ छोड़कर जाने का आदर्श उपस्थित करने वाले प्रथम व्यक्ति वह थे जिन्हें यह जानना सबसे अधिक कष्टकर रहा होगा, क्योंकि वह बारह वर्ष में एक बार भी मठ से अलग न रहे थे : वह थे रामकृष्णानन्द। उन्होंने मद्रास जाकर दक्षिण भारत में वेदान्त दर्शन के प्रचार के लिए केन्द्र स्थापित किया। तदनन्तर वह गये जो सेवाभाव से ओतप्रोत थे, अखण्डानन्द (गंगाधर) : वह मुर्शिदाबाद जाकर वहाँ फैले दुर्भिक्ष से पीड़ित जनों की सेवा-शुश्रूषा में संलग्न हो गये।

आरम्भ में तो जो सब सम्भव हुआ तब करके महान् भारतीय समाज-सेवा का प्रयत्न करता रहा।

किन्तु विवेकानन्द की उत्कट अभिलाषा थी कि संगठन और प्रबन्ध की तुरन्त व्यवस्था कर देनी चाहिए। एक दिन भी व्यर्थ जाने नहीं देना था। भारत लौटने पर जनजागरण के लिए प्रथम कुछ मास तक विवेकानन्द को जो अतिमानवीय परिश्रम करना पड़ा था उससे रोग उभर आया था। उसी वर्ष बसन्त में उन्हें दो बार आराम के लिए

पहाड़ जाने को बाध्य होना पड़ा—पहली बार कतिपय सप्ताह के लिए दार्जिलिंग और दूसरी बार (६ मई से जुलाई के अन्त तक) ढाई महीने के लिए अल्मोड़ा।

अन्तराल में उन्होंने नये सम्प्रदाय श्री रामकृष्ण-मिशन की स्थापना के योग्य यथेष्ट आरोग्य अर्जित कर लिया। वह आज भी जीवित है और उनका कार्य वहन कर रहा है।

१ मई १८९७ को रामकृष्ण के समस्त संन्यासी और गृहस्थ शिष्य कलकत्ते में एक सहयोगी बलराम के घर निमंत्रित किये गये। विवेकानन्द ने गुरुवत् भाषण किया। उन्होंने कहा कि बिना दृढ़ संगठन के कुछ स्थायी कार्य नहीं हो सकेगा।

भारत जैसे देश में वह संगठन गणतंत्रीय पद्धति से चलाना—जिसके अनुसार प्रत्येक को समान मताधिकार होता है और निर्णय बहुमत से होते हैं—बुद्धिमानी न होगी। उसका समय जब आयेगा जब सदस्य गण स्वार्थ और विशिष्ट पूर्वाग्रह जनहित के पक्ष में त्याग देंगे।

सम्प्रति लोग एक मार्ग-दर्शक चाहते थे। वैसे विवेकानन्द तो सतगुरु के सेवक के रूप में ही कार्य कर रहे थे। उनकी प्रेरणा से निम्नांकित प्रस्ताव स्वीकृत किये गये :

१. रामकृष्ण मिशन नामक एक संस्था की स्थापना की जाये।
२. इसका उद्देश्य उन सत्य सिद्धान्तों का प्रचार करना होगा जो श्री रामकृष्ण ने मानवता के कल्याण के लिए अपने आचरण के साक्ष्य से प्रतिपादित किये, और मानव जनों को अपनी दैहिक, मानसिक और आध्यात्मिक उन्नति के लिए उनका अनुकरण करने में सहायता देना होगा।
३. इसका कर्तव्य होगा रामकृष्ण संचालित उस आन्दोलन का समुचित भावना के साथ निर्देशन करना जिसका लक्ष्य है विभिन्न मतों को एक ही परम धर्म के विविध रूपों के समान मानते हुए उनके अनुयायियों में बन्धुत्व का प्रचार।
४. इसकी कार्य-पद्धति है—(१) जनसमुदाय के सांसारिक और आध्यात्मिक कल्याण में सहायक विद्याओं की शिक्षा देने की सामर्थ्य वाले लोग तैयार करना (२) कलाओं और उद्योगों को विकसित और प्रोत्साहित करना (३) रामकृष्ण के जीवन में प्रतिबिम्बित वैदान्तिक और धार्मिक विचारों का जनसाधारण के मध्य प्रचार करना।
५. इसके कार्य के दो विभाग होंगे—पहला भारतीय : देश में विविध स्थानों पर ऐसे संन्यासियों और गृहस्थों की, जो दूसरों की शिक्षा में जीवन अर्पित करने को तैयार हों, साधना के मठ और आश्रम स्थापित किये जायेंगे। दूसरा विदेशी : यह सम्प्रदाय के सदस्यों को अध्यात्म केन्द्र खोलने तथा विदेशी और भारतीय केन्द्रों में परस्पर सहायता एवं सहानुभूति का घनिष्ठ सम्बन्ध स्थापित करने के लिए भारत से बाहर दूसरे देशों को भेजेगा।

६. मिशन के उद्देश्य और आदर्श पूर्णत: आध्यात्मिक और मानवीय होंगे और उसका राजनीति से कोई सम्बन्ध नहीं रहेगा।

विवेकानन्द द्वारा संस्थापित सम्प्रदाय का शुद्ध सामाजिक और मानवीय और सार्वभौतिक स्वरूप स्पष्ट ही है। अधिकांश धर्म जैसे आधुनिक जीवन की बौद्धिकता तथा भक्ति में विपर्यय मानते हैं वैसे न मानकर यह सम्प्रदाय भौतिक एवं आध्यात्मिक प्रगति में सहयोग देने और कलाओं एवं उद्योगों को प्रोत्साहित करने के लिए विज्ञान के समकक्ष खड़े होने को प्रस्तुत था। जो हो, इसका गूढ़ उद्देश्य जन कल्याण ही था। इसके मतानुसार विभिन्न धर्मों में सहयोग ही धर्मसार है क्योंकि धर्मों की सम्मिलित प्रतिभा से ही परमधर्म की सृष्टि होती है। इस सब कुछ पर रामकृष्ण की छत्रछाया थी—जिनके विशाल हृदय ने समस्त मानव जाति को अपने अजस्र प्रेम से अभिषिक्त कर दिया था।

'परमहंस' आकाश में उठ चुका था। खुलते ही उसके पंखों ने विपुला पृथ्वी को आच्छादित कर लिया। यदि पाठक विवेकानन्द के मन के स्वप्न को समझना चाहता है तो उसे विवेकानन्द और शरतचन्द्र चक्रवर्ती के सूक्ष्मदर्शी वार्तालाप का विवरण पढ़ना चाहिए।

प्रस्ताव स्वीकृत होने के बाद तत्काल अध्यक्षों के निर्वाचन का काम सम्मुख था। प्रधानाध्यक्ष विवेकानन्द ने ब्रह्मानन्द और योगानन्द को कलकत्ता-केन्द्र का अध्यक्ष और उपाध्यक्ष नियुक्त करके दोनों को प्रत्येक रविवार को बलराम के निवास पर मिलने का आदेश दिया। इसके बाद विवेकानन्द ने लोक-सेवा और वैदान्तिक शिक्षा के दोहरे कार्य का अविलम्ब समारम्भ कर दिया।

संन्यासी-साधु विवेकानन्द की आज्ञा का पालन तो करते थे परन्तु कभी-कभी उनके विचारों को समझना उन्हें दुष्कर होता था। बहुधा वे आपस में तीखा वाद-विवाद करते। कभी-कभी विवेकानन्द अपने मनोद्वेगों पर नियंत्रण नहीं रख पाते थे, क्योंकि अन्तस्थ रोग शरीर को जर्जर कर रहा था। जो उनका प्रतिवाद करते उन्हें बदले में बहुधा तर्कों की करारी मार पड़ती। किन्तु वह हँसकर स्वीकार की जाती—परस्पर प्रीति का उन्हें अमिट विश्वास था।

कभी-कभी वे संन्यासी चिन्तन-मनन पूर्ण जीवन के लिए, 'अपने' रामकृष्ण के लिए व्याकुल हो उठते। वे रामकृष्ण-मिशन को निष्कर्म ध्यान-साधना का केन्द्र बना सकते तो सुखी होते—किन्तु विवेकानन्द ने उनका यह स्वप्न चूर-चूर करके रख दिया।

"क्या तुम श्री रामकृष्ण को क्षुद्र सीमाओं में बाँधकर छोड़ देना चाहते हो? श्री रामकृष्ण के अनुयायी जितना समझते हैं उससे कहीं महान् हैं रामकृष्ण। वह असंख्य आध्यात्मिक विचारों के पुंज हैं और अपने असंख्य रूपों में प्रकट करने में समर्थ हैं। उनकी कृपादृष्टि की एक झलक इसी क्षण विवेकानन्द जैसे सहस्र व्यक्ति उत्पन्न कर सकती है। मैं उनके विचारों का सारे संसार में प्रसारण करूँगा...।"

यह इसलिए कि श्री रामकृष्ण तो उनके वरेण्य थे परन्तु रामकृष्ण से भी गुरुतर था रामकृष्ण का सन्देश। विवेकानन्द एक नये देवता की मूर्ति स्थापित करना नहीं चाहते थे। यह तो मनुष्य मात्र को रामकृष्ण के वचनामृत से परितृप्त करना चाहते थे। उस वचन को कर्म में परिणत करना ही प्रथम कर्तव्य था। ''धर्म यदि सच्चा धर्म है तो उसे कर्म-प्रेरक होना चाहिए।'' यही नहीं, वह मानते कि सर्वोत्तम धर्म वह है जो ''मनुष्य मात्र में, विशेषतया दरिद्र मानव में शिव का उद्भव करे।'' वह तो चाहते कि प्रत्येक व्यक्ति प्रतिदिन एक क्षुधार्त नारायण को, एक पंगु नारायण को या एक नेत्रहीन नारायण को या छः को, बारह को, जैसी सामर्थ्य हो, घर ले जाये, खिलाये और वैसी ही सेवा करे जैसी मन्दिर में प्रतिष्ठित शिव या विष्णु की करता।

विवेकानन्द ने यह भी किया कि किसी भी प्रकार की भावुकता के लिए अपनी व्यवस्था में स्थान नहीं रहने दिया। वह सब प्रकार की भावुकता से घृणा करते थे। भावुक मनोवृत्ति का विस्तार बंगाल में सहज ही सम्भव होता : उसके कारण वहाँ पौरुष का ह्रास हुआ ही था। विवेकानन्द इस विषय में और भी कठोर-निश्चय इसलिए थे कि उन्हें स्वयं अपने में से तथा अन्य लोगों में से भावुकता निकाल बाहर फेंकनी पड़ी थी तभी वह अपना कार्यारम्भ कर सके थे। निम्नांकित दृश्य इसका साक्ष्य है।

एक बार उनके एक संन्यासी बन्धु ने विनोद में उनकी आलोचना की कि उन्होंने रामकृष्ण की आनन्द-साधना में संगठन, कर्म और सेवा के वे पश्चिमी सिद्धान्त मिश्रित कर दिये हैं जिनकी रामकृष्ण ने आज्ञा नहीं दी थी। विवेकानन्द ने पहले तो कुछ विद्रूप से, कुछ तिरस्कार से प्रत्याख्यान किया ताकि प्रश्नकर्त्ता ही नहीं उसके बहाने अन्य श्रोता भी सुन लें (विवेकानन्द को लगा कि वे सब प्रश्नकर्त्ता के साथ हैं)।

''तुम जानते ही क्या हो? तुम अज्ञानी हो। तुम्हारा विद्याभ्यास तो वैसे ही समाप्त हो गया था जैसे प्रह्लाद का हुआ : 'क' पढ़ते ही उन्हें कृष्ण का स्मरण हो आया और आँखों से आँसू भर आये और आगे पढ़ाई चल नहीं सकी...तुम लोग वृथा-भावुक मूर्ख हो। तुम धर्म का तत्व जानते ही क्या हो? तुम तो बस दोनों हाथ जोड़कर स्तुति करना जानते हो, 'अहा, कैसी सुन्दर नासिका है प्रभु आपकी, कितने मोहक नयन हैं आपके इत्यादि।' यही सब प्रलाप करते हुए तुम समझते हो कि तुम्हारा मोक्ष निश्चित है और अन्त समय श्री रामकृष्ण आकर हाथ पकड़ कर तुम्हें स्वर्ग ले जायेंगे...विद्याभ्यास, प्रचार, परोपकार ये सब तुम्हारी दृष्टि में माया है क्योंकि श्री रामकृष्ण ने कभी किसी से कह दिया था, 'पहले ईश्वर को खोजो और उसे प्राप्त करो; संसार का उपकार करने का दम्भ मिथ्या है!' ईश्वर को पा लेना क्या हँसी-खेल है? वह क्या इतना निर्बुद्धि है कि अल्पमति लोगों के हाथ में अपने को खिलौना बनाने के लिए सौंप देगा?''

फिर अकस्मात् वह गम्भीर हो गये, ''तुम सोचते हो कि तुम श्री रामकृष्ण को मुझसे अधिक समझते हो। तुम समझते हो ज्ञान प्राप्ति का मार्ग कंटकाकीर्ण है। उस पर

चलकर हृदय की सुकोमल भावनाएँ नष्ट कर देनी होंगी। तुम्हारी भक्ति वृथा-भावुक रुदन है—वह मनुष्य को क्लीव ही बनायेगी। तुम्हारा श्री रामकृष्ण का अमुभव अत्यन्त स्वल्प है—उसी का तुम प्रचार करोगे? दूर रहो। तुम्हारे श्री रामकृष्ण को मैं नहीं मानता। तुम्हरी भक्ति और मुक्ति को मैं नहीं मानता। तुम्हारे धर्म-ग्रन्थों में जो सब लिखा है वह भी मैं नहीं मानता : तमस में डूबे हुए अपने देशवासियों को यदि मैं जागृत कर सकूँ, उन्हें अपने पैरों खड़े होने की, कर्णयोग की भावना से अनुप्राणित 'पुरुष' बनने की राह दिखा सकूँ तो मुझे सहस्र गौरव की यातना सहर्ष स्वीकार है···मैं न तो रामकृष्ण का सेवक हूँ न किसी और का, हूँ तो उसी का हूँ जो सेवा में, परोपकार में रत है और अपनी भक्ति या मुक्ति की चिन्ता से परे है।''

एक प्रत्यक्षदर्शी के अनुसार जिस समय विवेकानन्द ये शब्द कह रहे थे, उनका मुख-मण्डल आरक्त हो उठा था, आँखों में तेज की दीप्ति थी, देह काँप रही थी, गला भर आया था। सहसा वह दौड़ कर अपने कक्ष में चले गये। शेष सब लोग अभिभूत, अवाक् खड़े रह गये। कुछ क्षण पश्चात् एक-दो ने आकर कक्ष में झाँकने का साहस किया : देखा विवेकानन्द ध्यानमग्न हैं। वे निःशब्द प्रतीक्षा करते रहे···घंटे भर पीछे विवेकानन्द चेतन जगत् में लौट आये। उनके मुख पर अभी पहले के आप्लावन के चिह्न शेष थे किन्तु भीतर फिर से शान्ति विराज रही थी। मधुर स्वर में उन्होंने कहा, ''भक्ति सिद्ध कर लेने वाले का मन और शरीर इतना सुकुमार हो जाता है कि फूल की चोट भी वह सह नहीं सकता। जानते हो, आजकल मैं कोई उपन्यास पढ़ नहीं पाता हूँ। जब भी रामकृष्ण का स्मरण करता हूँ तो अभिभूत हो जाता हूँ। अतएव मैं सतत् चेष्टा कर रहा हूँ कि भक्ति का यह आप्लावनकारी आवेग अपने भीतर दाब कर रखूँ। निरन्तर मैं अपने को ज्ञान की लौह-शृंखला से बाँध रहा हूँ, क्योंकि मातृभूमि की सेवा का व्रत अभी अपूर्ण है और विश्व को मैं अपनी बात अभी पूर्णतया कह नहीं पाया हूँ। तभी, जैसे ही भक्ति का आवेग मुझे विचलित करने को होता है मैं उसे कुंठित करके कठोर ज्ञान के सहारे अपने को स्थिर कर लेना चाहता हूँ। अरे, अभी मुझे कितना कुछ करना शेष है! मैं तो श्री रामकृष्ण के अधीन हूँ : वह अपना अधूरा काम मेरे लिए छोड़ गये हैं और उसको सम्पन्न किये बिना मुझे विश्राम नहीं करने देंगे···अरे उनका वात्सल्य···

एक बार फिर भावोद्रेक से स्वर रुँध गया। तब योगानन्द ने उनका मन दूसरी ओर ले जाने का प्रयत्न किया अन्यथा वह फिर उद्विग्न हो उठते।

उस दिन के बाद फिर कभी विवेकानन्द की पद्धति के प्रति विरोध का एक शब्द भी औरों ने नहीं कहा। कहते भी क्या—उनकी सभी शंकाएं तो विवेकानन्द को पहले ही ज्ञात थीं। वे इस व्याकुल विशालात्मा पुरुष के अन्तरतम को पहचान गये थे।

प्रत्येक व्रत की एक विडम्बना होती है, क्योंकि उसकी साधना में साधक को

अपनी प्रकृति, अपनी शान्ति, अपनी देह एवं बहुधा अपनी हार्दिक अभिलाषाओं का अंततः त्याग करना होता है।

परमेश्वर की एक कल्पना लेकर, संसार से विरक्त प्रेमानन्द में डूबे संन्यासी के रूप में ध्यान की, ज्ञान की अथवा भक्ति की साधना में भटकते हुए, निस्संग अगेह आत्मा को परब्रह्म में विलीन कर देने की जो भारतीय प्रवृत्ति है वह विवेकानन्द में भी अपने देशवासियों के समान विद्यमान थी। जिन्होंने उन्हें निकट से जाना था वे बहुधा उनके हृदयतल से निःसृत एक अनुतप्त अवसादपूर्ण उच्छ्वास के साक्षी हुए थे।

परन्तु विवेकानन्द की जीवन-पद्धति उनकी इच्छा नहीं थी। उनके व्रत ने स्वयं उन्हें अपना साधन बनाया था।

''मेरे लिए कहीं विश्राम नहीं है। श्री रामकृष्ण जिसे काली कहते थे उसने उनकी संसार-मुक्ति के तीन-चार दिन पूर्व ही मुझे आविष्ट कर लिया था। वही मुझे निरन्तर कर्म में संयुक्त करती रहती है और मुझे अपनी निज की अभिलाषा में लिप्त होने का एक क्षण भी अवकाश नहीं देती।''

उसी ने विवेकानन्द को अपने राग-विराग और सुख-स्वास्थ्य की चिन्ता भुलाकर परसेवा में प्रवृत्त करा दिया और वही सेवाभाव विवेकानन्द को अपने धर्मचरों में जागृत करना था। उनमें कर्म की लालसा उद्दीप्त करके ही यह सम्भव होता। विवेकानन्द को वृथा भावुकता के मोह में डूबे हुए 'मन्दाग्नि पीड़ित' एक संपूर्ण राष्ट्र को वश में करना था। यही कारण था कि वह कभी-कभी उसे शासित करने के लिए स्वयं निर्मम आचरण करते थे। 'सभी कार्य-क्षेत्रों में शौर्य प्रेरक आत्मोन्नयन' उनका अभीष्ट था। इसकी सिद्धि के लिए शारीरिक और आध्यात्मिक कर्म की, वैज्ञानिक अनुसंधान की, मानव-सेवा की आवश्यकता थी। वेदान्त के उपदेश को इतना महत्त्व विवेकानन्द देते थे तो इसीलिए कि उसमें उन्हें एक संजीवनी शक्ति दिखी थी : ''वैदिक ऋचाओं के घनघोष से देश में प्राण-संचार करना है।''

उन्होंने अपने ही नहीं दूसरों के मन का भी अतिक्रमण किया, भले ही वह जानते थे कि मन में ही ब्रह्म का निवास है। वह मन को कुंठित नहीं करना चाहते थे। जननायक होने के नाते केवल उसका उचित स्थान निर्धारित करना चाहते थे। जहाँ मन का आधिपत्य देखते उसे अपमानित करते, जहाँ उसकी हीनता लक्ष्य करते उसका उन्नयन करते। वह आन्तरिक शक्तियों का सम्पूर्ण सन्तुलन चाहते थे। यह मानव-सेवा के अत्यन्त आवश्यक कर्तव्य के लिए अनिवार्य था : जनता की अज्ञानता, वेदना और यातना और अधिक देखी नहीं जा सकती थी।

यह सत्य है कि सन्तुलन स्थायी नहीं होता। उसकी प्राप्ति विशेषतया कठिन होती है और ऐसे अतिरेकी समाज में उसकी रक्षा तो और भी दुष्कर है जिसके उत्साह की प्रखर अग्नि क्षण में ही बुझी हुई कामना की राख बन जाती है और विवेकानन्द के लिए तो यह और भी दुस्साध्य होता—वह तो श्रद्धा, विज्ञान, कला, कर्म और आकांक्षा आदि

बीसों परस्पर विरोधी दैत्यों के चंगुल में फँसे थे। यह उनकी विलक्षणता थी कि अन्त तक वह अपने सन्तप्त हाथों से दोनों ध्रुवों में—अद्वैत के प्रति अक्षुण्ण भक्ति में और त्रस्त मानवता के प्रति अदम्य सहानुभूति में—सन्तुलन साधे रहे। विवेकानन्द के लिए हमारे मन में और भी अनुराग यह देखकर होता है कि जब कभी वह सन्तुलन साधे नहीं सधा और उन्हें दो में से एक को चुनना अनिवार्य हुआ तो उन्होंने मानवता को चुना। उन्होंने शेष सब त्यागकर करुणा को प्रश्रय दिया; उनके महान यूरोपीय बन्धु बीथोवेन के शब्दों में 'विपन्न, कष्टभोगी मानवता' को वरण किया।

गिरीश सम्बन्धी रोचक प्रसंग इसका हृदयस्पर्शी दृष्टान्त है।

विख्यात बंगला नाट्यकार, लेखक और नट गिरीश श्री रामकृष्ण के शिष्य बनने से पहले स्वच्छन्द जीवन का उपभोग कर चुके थे। तदनन्तर संसार से विमुख हुए बिना भी उन्होंने सम्पूर्ण निष्ठा से अपने मन को दूसरी ही ओर प्रवृत्त कर दिया; शेष जीवन वह भक्तियोग द्वारा अनन्य प्रेम-साधना में बिता रहे थे। फिर भी उन्होंने अपने मन की बात कह डालने का अधिकार अपने पास रखा; रामकृष्ण के सभी शिष्य गुरु का स्मरण करके उनका बहुत आदर करते थे।

एक दिन जब विवेकानन्द किसी शिष्य के साथ अत्यन्त सूक्ष्म किसी दर्शनतत्व पर विचार कर रहे थे गिरीश का वहाँ आना हुआ। विवेकानन्द चर्चा छोड़कर उनसे सविनोद आत्मीयता के स्वर में बोले, "गिरीश, तुमने तो इस सब पर कभी ध्यान नहीं दिया, अपने 'कृष्ण और विष्णु' के साथ खूब समय व्यतीत करते रहे।"

गिरीश ने उत्तर दिया, "अच्छा नरेन, मैं तुमसे एक प्रश्न करता हूँ। वेद और वेदान्त तो तुमने यथेष्ट पढ़ ही रखा है। भला उनमें कोई उपाय इस आर्तनाद के लिए, क्षुधार्त जनों के क्रन्दन के लिए, जघन्य पापों के लिए और प्रतिदिन प्रत्यक्ष दिखने वाले अन्यान्य दुःखों एवं क्लेशों के लिए भी बताया गया है? देखो, उस घर में जो माँ एक समय पचास जनों को नित्य प्रति खिलाती थी,आज तीन दिन से अपने और बच्चों के लिए अन्न नहीं जुटा सकी है। अमुक परिवार की स्त्री को गुंडों ने अपमानित करके यन्त्रणा दे-देकर मार डाला। अमुक की युवती विधवा लोक-लज्जा के मारे गर्भपात करने जाकर मृत्यु की भेंट हो गयी।...नरेन् मैं तुमसे पूछता हूँ, तुमने वेदों में इन सब पापों के निवारण की कोई व्यवस्था पायी है?"...

गिरीश इसी व्यंग्य भाषा में समाज का कलुषित और दारुण चित्र खींचते गये और विवेकानन्द उद्वेलित होकर अवाक् बैठे सुनते गये। अन्ततः संसार की पीड़ाओं और यातनाओं के स्मरण से विह्वल होकर वह आँखों में आँसू छिपाने के लिए कमरे से बाहर चले गये।

गिरीश ने शिष्य से कहा, "देखो, तुमने प्रत्यक्ष देखा न कि तुम्हारे गुरु का हृदय कितना विशाल है। मैं उनका आदर उनके पांडित्य और बुद्धिबल के कारण उतना नहीं

करता जितना उनकी इस उदारहृदयता के कारण करता हूँ जिसके वश वह मानवता के कष्ट से अश्रु-विगलित होकर उठकर चले गये। देखो, जैसे ही उन्होंने उसका वर्णन सुना, उनके सब वेद और वेदान्त जाने कहाँ चले गये; क्षण भर पहले जो सब विद्वत्ता और ज्ञान वह प्रदर्शित कर रहे थे। उन्होंने एक ओर फेंक दिया और उनका सम्पूर्ण अस्तित्व प्रेममयी करुणा के अमृत से ओत-प्रोत होकर छलकने लगा। तुम्हारे स्वामी जी जितने ज्ञानी और पंडित हैं उतने ही मानवता के और ईश्वर के अनुरागी भी हैं।''

विवेकानन्द लौट आये और सदानन्द से बोले कि देशवासियों का दुःख दारिद्र्य देखकर मेरा अन्तर कचोट रहा है। कुछ न करो तो तुम कम से कम एक सहायता-केन्द्र तो स्थापित करो। गिरीश से उन्होंने कहा, ''आह गिरीश, मेरा मन कह रहा है कि जगत के दुःख-निवारण के लिए, किसी का रंच मात्र क्लेश मिटाने के लिए यदि सहस्र बार जन्म लेने का दण्ड भोगना पड़े तो सहर्ष भोगूँगा।''

विवेकानन्द ने करुणासिक्त हृदय का अमित अनुराग बन्धुओं और शिष्यों को अभिभूत कर गया और निरपवाद रूप से उन सबने अपने को विवेकानन्द द्वारा निर्दिष्ट विविध प्रकार की मानव-सेवा में समर्पित कर दिया।

१८९७ के ग्रीष्म में अखण्डानन्द ने विवेकानन्द के भेजे हुए दो शिष्यों के सहयोग से बंगाल के मुर्शिदाबाद जिले में दुर्भिक्ष-सन्तप्त सैकड़ों दरिद्र जनों को चार-पाँच मास तक अन्न पहुँचाया और उनकी सेवा की। उन्होंने परित्यक्त बालकों को एकत्र कर मोहुला में अनाथाश्रम स्थापित किया जो अनन्तर सरगच्छी चला गया। फ्रांसिस जैसे ममत्व और धीरज से अखंडानन्द इन निस्सहाय शिशुओं को शिक्षा देने में जाति और वर्ण का कोई भेद-भाव न रखकर जुट गये। १८९९ में उन्होंने इन शिशुओं को बुनाई, सिलाई, जुड़ाई और रेशम की तैयारी के धन्धे सिखाये और पढ़ने, लिखने गणित तथा अंग्रेजी की भी शिक्षा दी।

१८९७ में ही त्रिगुणातीत ने दिनाजपुर के निकट दुर्भिक्ष सेवा-केन्द्र खोला। दो मास के अन्दर उन्होंने ८४ गाँवों का परित्राण किया। देवघर, दक्षिणेश्वर और कलकत्ता में अन्यान्य केन्द्र स्थापित किये गये।

अगले वर्ष १८९८ के अप्रैल-मई में कलकत्ते में फैले ताऊन के प्रतिकारार्थ सम्पूर्ण रामकृष्ण मिशन की शक्ति संगठित करनी पड़ी। विवेकानन्द अस्वस्थ थे, तो भी सेवा-कार्य का संचालन करने हिमालय से दौड़े हुए आये। धन नहीं था। जो कुछ था वह पहले ही एक नये मठ के लिए जमीन खरीदने में खर्च हो चुका था। विवेकानन्द ने क्षण भर भी मोह न करके आदेश दिया, ऐसा ही हो तो उसे बेच डालो। हम संन्यासी हैं। हमें तो पेड़ की छाँह में सोने और भिक्षा माँगकर खाने को तैयार रहना चाहिए।

एक बड़ा मैदान किराये पर लेकर उसमें उपचार-शिविर लगा दिये गये। विवेकानन्द एक निर्धन बस्ती में आकर रहने लगे जिसमें जनता में साहस और

कार्यकर्ताओं में उत्साह का संचार हो। समस्त कार्य का प्रबन्ध भगिनी निवेदिता (मार्गरेट नोब्ल) को, जो तभी योरोप से आयी थीं और स्वामी सदानन्द एवं स्वामी शिवानन्द को सौंपा गया; इनके अनेक सहायक थे। ये कलकत्ते की चार मुख्य निर्धन बस्तियों की रोग-मुक्ति और सफाई का काम देखने लगे। विवेकानन्द ने विद्यार्थियों की सभा बुलायी (अप्रैल १८९९) और उनको विपत्ति के समय उनके कर्तव्य का स्मरण कराया। ये दल बनाकर सेवालयों की खोज-खबर रखने, आरोग्य शिक्षा सम्बन्धी परचे बाँटने और सफाई का काम स्वयं करके दिखाने में लग गये। प्रत्येक रविवार को ये रामकृष्ण मिशन की सभा में आकर भगिनी निवेदिता को पिछले काम का ब्यौरा दे जाते।

मिशन ने श्री रामकृष्ण जयन्ती को दरिद्र-सेवा के पुनीत पर्व का रूप दे दिया—उस दिन आश्रम के सभी केन्द्रों में सहस्रों जन भोजन पाते।

इस परस्पर समाज-सेवा के समान्तर शिक्षा और वैदान्तिक उपदेश का काम भी आरम्भ हुआ, क्योंकि विवेकानन्द के ही शब्दों में वह भारत को 'एक इस्लामी शरीर और वैदान्तिक आत्मा' देना चाहते थे। १८९७ में रामकृष्णानन्द ने, जो मद्रास तथा निकटवर्ती क्षेत्र में व्याख्यान करते घूम रहे थे, नगर में जहाँ-तहाँ कुल मिलाकर ग्यारह कक्षाएँ आरम्भ कीं; अध्यापन के साथ-साथ वह भूखों की सेवा भी करते रहे। उसी वर्ष के मध्य में विवेकानन्द ने शिवानन्द को वेदान्त का सन्देश प्रसारित करने श्रीलंका भेजा। शिक्षाविद् धर्म भावना से आप्लावित हो उठे। विवेकानन्द को एक बालिका विद्यालय की प्रधानाध्यापिका के मुँह से यह सुनकर बड़ा आनन्द हुआ कि "मैं इन्हीं बालिकाओं को अपनी भगवती मानती हूँ और मेरी कोई पूजा-आराधना नहीं।"

रामकृष्ण मिशन की स्थापना के उपरान्त शीघ्र ही विवेकानन्द को अपना सब काम छोड़कर अलमोड़े में अनेक सप्ताह उपचार करना पड़ा। तो भी वह लिख रहे थे, 'आन्दोलन आरम्भ हो गया। वह कभी थमेगा नहीं।' (९ जुलाई, १८९७)।

"मेरे मन में केवल एक चिन्ता प्रज्वलित थी—वह यह कि भारतीय जनसमुदाय के उत्थान के लिए संगठन तैयार कर दूँ और वह मैंने किसी सीमा तक कर भी दिया। तुम्हारा हृदय यह देखकर प्रफुल्लित होता कि मेरे लड़के दुर्भिक्ष और रोग और क्लेश के मध्य कैसे काम कर रहे हैं—वे विसूचिका-ग्रस्त अछूत की तृण-शय्या के पास बैठकर उसकी शुश्रूषा करते हैं—क्षुधा-पीड़ित चाण्डाल को खाने को भोजन देते हैं और ईश्वर मेरी और उनकी सबकी सहायता करता है...वह दीनवल्लभ यहाँ भी मेरे साथ है जैसे वह अमरीका में और इंग्लिस्तान में था और तब था जब मैं भारत में अपरिचित के रूप में यहाँ से वहाँ भ्रमण कर रहा था।...मैं समझता हूँ मेरा कार्य पूर्ण हुआ...अधिक से अधिक तीन चार वर्ष जीवन और शेष है। मेरी मोक्ष की इच्छा अब चुक गयी है। सांसारिक भोग मैंने कभी नहीं चाहा। मुझे तो अपने संगठन को सशक्त और कार्यशील बनाना है, जब

वह ऐसा हो जायेगा और मैं आश्वस्त हो जाऊँगा कि मैंने कम से कम भारत में मानव कल्याण का ऐसा सूत्रपात कर दिया है जो कोई शक्ति खण्डित नहीं कर सकती तो मैं भविष्य की चिन्ता छोड़कर सो जाऊँगा। मेरी अभिलाषा है कि मैं बार-बार जन्म ग्रहण करूँ और सहस्र क्लेशादि का भागी होऊँ जिससे बार-बार मुझे उस एक ईश्वर की आराधना का अवसर मिले जो अनन्य है, मेरा एक मात्र इष्ट है और विश्वात्मा है।''

रोग से तनिक भी अवकाश पाते ही वह अपनी व्यस्तता दस गुनी बढ़ा लेते। अगस्त से दिसम्बर १८९७ तक की अवधि में उन्होंने उत्तर भारत में पंजाब से लेकर कश्मीर-पर्यन्त तूफानी दौरा किया और जहाँ गये अपना कुछ न कुछ अंश देते गये। महाराजा से उन्होंने काश्मीर में एक विशाल अद्वैत मठ स्थापित करने की सम्भावना पर विचार-विनिमय किया। लाहौर के कालेजों में विद्यार्थियों को उपदेश दिया कि ईश्वर में श्रद्धा रखने के लिए पहले मन में दृढ़ता और मुनष्य के प्रति आस्था रखना आवश्यक है और उन विद्यार्थियों के मध्य एक नितान्त असाम्प्रदायिक संगठन की रचना जनसाधारण की शिक्षा, शुचि और सहायता के उद्देश्य से की। जहाँ भी वह गये भारतीय व्यक्ति को अपनी अन्तरात्मा से साक्षात् करने में सहायता देकर उसके चारित्रिक पुनरुद्धार का प्रयत्न करना कभी न भूले। श्रद्धा को उन्होंने निरन्तर कर्म की कसौटी पर कसा। उन्होंने समाज की विषमताएँ दूर करने की इच्छा से वर्णों और उपवर्णों में अन्तर्वर्गीय विवाह का उपदेश दिया ताकि ये परस्पर निकटतर आयें, अछूतों की दशा सुधारी, अविवाहिता और विधवा स्त्रियों के भविष्य की चिन्ता की, साम्प्रदायिकता और मिथ्या रूढ़िवादिता जहाँ दिखी वहीं उसका विरोध किया, साथ ही साथ (दोनों कार्य परस्पर पूरक थे) उन्होंने हिन्दू मानस के जीर्णोद्धार के लिए संस्कृत का वास्तविक प्रचार किया। उससे पाश्चात्य विज्ञान के समन्वय का प्रयत्न किया और भारतीय विश्वविद्यालयों को नयी चेतना दी जिससे वे किताबी पंडित या अफसर पैदा करते न रहे जायें—मनुष्य पैदा करें।

अंग्रेजों का विरोध करके भारत की राजनीतिक स्वाधीनता, स्वराज्य प्राप्त करने का लक्ष्य उनके मन में नहीं था। वह ब्रितानी सहयोग के वैसे ही आकांक्षी थे जैसे विश्व सहयोग के थे और सच तो यह है कि इंग्लिस्तान ने उनके कार्य में हाथ बँटाया : राज्य ने तो नहीं पर लन्दन और न्यूयार्क के आंग्लसैक्सन शिष्यों ने विवेकानन्द को अपनी आन्तरिक श्रद्धा दी और इतना अर्थ साधन भी जुटाया कि जमीन खरीद कर बेलूर के अनुपम मठ का निर्माण सम्भव हो सका।

१८९८ का वर्ष मुख्यत: रामकृष्ण मठ की नयी व्यवस्था में और पत्र-पत्रिकाओं की स्थापना में बीता—ये ही आगे चलकर मठ के बौद्धिक मुख-पत्र और भारत के उद्‌बोधन के माध्यम बने।

किन्तु १८९८ का महत्त्व सबसे अधिक इसलिए है कि इस वर्ष विवेकानन्द ने अपने पाश्चात्य शिष्यों का संस्कार किया।

ये गुरु की पुकार सुनकर आये थे—जनवरी में कुमारी मार्गरेट नोब्ल आयीं—जिन्होंने कुमारी मूलर के सहयोग से भारतीय स्त्रियों की शिक्षा के आदर्श प्रतिष्ठान स्थापित किये—फरवरी में आर्यी श्रीमती ओल बुल और कुमारी जोसेफ़ाइन मैकलियोड। मार्च में मार्गरेट नोब्ल ने ब्रह्मचर्य-व्रत लिया और निवेदिता का नाम ग्रहण किया। विवेकानन्द ने कलकत्ता निवासियों के समक्ष उनका सहृदय परिचय 'भारत को इंग्लिस्तान की भेंट' कहकर दिया और निवेदिता के मन से उनके देश की स्मृतियाँ, धारणाएँ और रीतियाँ निर्मूल करने के उद्देश्य से वह उन्हें कुछ मास के लिए शिष्य मंडली के साथ प्राचीन भारत के पर्यटन को ले गये।

परन्तु आश्चर्य है कि अपने सहकर्मियों को भारतीय धर्म पारावार में अवगाहन कराते हुए विवेकानन्द स्वयं उसमें इतने अनुरक्त हो गये कि आकण्ठ निमग्नप्राय हो चले।

लोगों ने निराकार निर्गुण ब्रह्म के अनन्य उपासक उस महान् अद्वैतवादी को पौराणिक देवताओं की—सर्वजयी शिव-जगदम्बा दम्पति की भक्ति में निमज्जित होते देखा। निस्सन्देह विवेकानन्द इस दिशा में अपने गुरु श्री रामकृष्ण का ही अनुसरण कर रहे थे जिनके अन्तर में ब्रह्म के निर्गुण और सगुण सभी रूपों का समावेश था और जो निरन्तर वर्षों तक देवी में सम्पूर्ण आसक्ति का प्रेमानन्द अनुभव करते रहे थे, किन्तु विवेकानन्द के अनुभव का वैशिष्ट्य यह था कि वह उन्होंने ब्रह्म को सिद्ध करने के पूर्व नहीं पश्चात् ही पाया था और इस आसक्ति में उनकी स्वभावगत करुणा और प्रचंडता का ऐसा सम्मिश्रण था कि देवी-देवता, विशेषतया काली, एक नयी ही आभा से मंडित हो गये—वह आभा रामकृष्ण की आनन्दमयी स्निग्धता से नितान्त भिन्न थी।

अल्मोड़े में, जहाँ सेवियर दम्पति बस गये थे और जहाँ अद्वैत आश्रम का निर्माण होने वाला था, कुछ समय ठहर कर अनन्तर श्रीनगर उपत्यका द्वारा नदी मार्ग से तीन नौकाघरों में कश्मीर पहुँचकर विवेकानन्द और निवेदिता ने जुलाई १८९८ में पश्चिम हिमालय में स्थित अमरनाथ तीर्थ को प्रस्थान किया। वे दोनों दो-तीन सहस्र तीर्थयात्रियों के दल में सम्मिलित थे जो प्रत्येक पड़ाव पर शिविरों का नगर बसाता और उखाड़ता चल रहा था। निवेदिता ने लक्ष्य किया, गुरु में सहसा कैसा परिवर्तन हो गया है। वह सहस्र सहयात्रियों से एकात्म हो गये : रीतिसम्मत छोटी-से-छोटी व्यवस्था के निष्ठापूर्वक परिपालन में उन्होंने त्रुटि नहीं होने दी। गन्तव्य तक पहुँचने के लिए कई दिन जोखिम भरे पथ से दुर्गम चट्टानी चढ़ाई चढ़कर और मीलों फैला हिमपिण्ड पार करके जाना था—और फिर शीत की तीक्ष्णता भूलकर पुनीत धारा में स्नान करना था। वार्षिक पर्व के दिन दो अगस्त को वे उस विराट गुहा में प्रविष्ट हुए—वह इतनी विराट थी कि उसमें एक पूरा कैथेड्रल समा सकता था : पृष्ठ में हिम का शिवलिंग स्थापित था। प्रत्येक को खुले शरीर पर भस्म लपेटकर ही दर्शन के लिए जाने की आज्ञा थी।

उन्हीं के समूह में भाव-विह्वल आविष्टप्राय विवेकानन्द शिवलिंग के सम्मुख आये और वही उसकी शुभ्रज्योति के समक्ष गुहा के अन्धकार में सैकड़ों कंठों से मुखरित स्तुति संगीत के मध्य उन्हें दिव्य दृष्टि मिली—शिव ने उन्हें दर्शन दिये। उन्होंने कभी नहीं बताया कि उस समय उन्होंने क्या देखा और क्या सुना था…परन्तु इस दिव्य साक्षात्कार का प्रभाव उनके भावाकुल मन पर इतना गहरा पड़ा कि वह हतसंज्ञ हो गये। जब वह कन्दरा से बाहर आये तो बायीं आँख में रक्त का एक बिन्दु जम गया था और हृदय-तन्तु विस्फीत हो गये थे—ये फिर कभी स्वस्थ रूप नहीं पा सके। अनन्तर कई दिनों तक वह शिव की रट लगाये रहे, सर्वत्र शिव ही उन्हें दिखायी देते रहे; वह शिवमय हो रहे थे; शुभ्र हिमालय के रूप में मानो शिव ही साक्षात् विराजमान थे…।

मास भर पश्चात् एक बार माँ काली ने उन्हें आविष्ट कर लिया। जगदम्बा विश्वव्यापिनी थीं। विवेकानन्द को चार वर्ष की बालिका में भी माँ काली ही दिखायी देतीं। एकान्त ध्यान के द्वारा उन्हें माँ के दूसरे रूप का भी दर्शन मिला। काली की जो संहारिणी शक्ति जीवन के प्रत्येक कार्य-कलाप के भीतर अलक्षित रूप से विद्यमान है, मर्त्य प्राणियों की सतत जीवन-यात्रा से उड़ी धूल के परदे के पीछे छिपी जो चंडिका शक्ति है उसे विवेकानन्द ने पहचाना। भावावेग से ज्वर-जर्जर होकर किसी समय रात के अँधेरे में उन्होंने कागज-पेंसिल टटोल निकाला और 'माँ काली' नामक अपनी प्रसिद्ध कविता रच डाली—और थकान से चूर होकर गिर पड़े।

उन्होंने निवेदिता से कहा : माँ को सहज भाव से, भय में, क्लेश में और विनाश में वैसे ही पहचानना सीखो जैसे प्रेम में और आनन्द में पहचानती हो। माँ, मूढ़ जन तेरे गले में पुष्पमाला पहनाकर, कातर भाव से पीछे हटकर तुझे 'दयामयी' कहकर पुकारते हैं। मृत्यु का ध्यान करो, चंडी की उपासना करो। रुद्र की उपासना से ही रुद्र पर विजय मिल सकती है और अमरत्व सिद्ध हो सकता है…यंत्रणा में भी आनन्द हो सकता है…माँ ही ब्रह्म है…उनका शाप भी वरदान है। मन को श्मशानवत् करो—अहंकार, स्वार्थ, ईर्ष्या सबको क्षार कर डालो। तभी, तभी तो माँ आयेंगी।''

और उस आंग्लवनिता ने इस आप्लावन से विह्वल और विमूढ़ होकर देखा इस भारतीय द्रष्टा ने एक ऐसे विश्व प्रलय का आवाहन किया है जिसमें उसकी पाश्चात्य आस्था का तोषदायक सुनियंत्रित विधान ध्वस्त ही हुआ जा रहा है। उसने लिखा :

''वह बोलते गये और सुनने वाले में यह ज्ञान धीरे-धीरे जागता गया कि जो उपासना केवल करुणाकर परमेश्वर को, प्रारब्ध को, तारक ब्रह्म को निवेदित है और भूकम्प के, ज्वालामुखी के प्रलयंकर ईश्वर को हृदयंगम नहीं करती, उसमें अहंकार छिपा हुआ है। श्रोता को यह प्रकट हो गया कि ऐसी उपासना मूलत: आडम्बर ही है और उसने यह चिरन्तन विराट सत्य स्वीकार किया कि ईश्वर शुभ और अशुभ दोनों में ही अपने को प्रकट करता है। उसने जाना कि विवेकानन्द के अविकल शब्दों में 'जीवन

नहीं मृत्यु की साधना करना, स्वयं को असिधार को समर्पित कर देना, रुद्र में चिरलीन हो जाना' ही अहम्मन्य भ्रांति से मुक्त चित्त की सत्य और शिव अवस्था है।''

एक बार फिर विवेकानन्द के इस संवेग में हम उनके पौरुष का प्रमाण पाते हैं, जो उनकी कारयित्री शक्ति का उत्स था। परम सत्य, जो रुद्र रूप में प्रकट होना चाहता है, उपशमित होना स्वीकार नहीं करता। श्रद्धा, जो निर्द्वन्द्व उत्सर्ग का प्रतिदान नहीं माँगती और 'पाने के बदले में देने' के विनिमय का, स्वर्ग के लोभ का तिरस्कार करती है—क्योंकि उसकी अनश्वर शक्ति धन की चोटों से निर्मित इस्पात के तुल्य है।

हमारे महान् ईसाई तपस्वियों ने इस परुष आनन्द का अनुभव किया था और आज भी करते हैं। पैस्कल को भी इसका रस प्राप्त हुआ था परन्तु यही अनुभव विवेकानन्द को कर्म से विरक्त न करके एक उद्दीप्त प्रेरणा से भर गया जिसने उनकी इच्छा-शक्ति को तपाकर परिपुष्ट किया और उन्हें दस गुने उत्साह के साथ चतुर्दिक संघर्ष के लिए बाध्य कर दिया। संसार के समस्त दुःखों को वह धारण करते थे। ''ऐसा प्रतीत होता था'', निवेदिता ने लिखा, ''कि संसार में किसी की कोई यातना हमारे गुरु के मर्म पर आघात किये बिना रह ही नहीं सकती थी। मानो कोई भी वेदना, मृत्यु की ही क्यों न हो, उनके प्रेम और आशीष के अतिरिक्त कोई प्रत्याशा कर नहीं सकती थी।''

उन्होंने कहा था, ''मैंने यम को हृदय से लगा लिया है।''

वह उससे कई मास पर्यन्त आविष्ट रहे। उन्हें और कोई नहीं केवल माँ की वाणी सुनायी देती थी और इसकी उनके स्वास्थ्य पर दारुण प्रतिक्रिया हुई। जब वह लौटकर आये तो उनके परिवर्तन को देख उनके मठवासी विस्मय-विमूढ़ रह गये। वह इतने एकाग्र ध्यान में निमग्न रहते कि कोई प्रश्न दस बार दोहराने पर भी उत्तर न मिलता। उन्होंने पहचाना कि 'कठोर तपस्या' इसका कारण है।

''शिव ने साक्षात् मेरी चेतना में प्रवेश कर लिया है। वह मुझे छोड़ना नहीं चाहते हैं।''

यूरोप के विज्ञानवादी मनीषियों को जिन्हें इष्ट देवताओं की ऐसी आसक्ति से वितृष्णा होगी विवेकानन्द की उस व्याख्या का स्मरण उपयोगी होगा जो उन्होंने एक वर्ष बाद अपने सहचरों के सम्मुख की थी : ''मानवात्मा अकेले नहीं—सब आत्माओं की समष्टि ही सगुन ब्रह्म है, इस समष्टि की इच्छा के विरुद्ध कुछ नहीं हो सकता। उसी को हम नियम कहते हैं और शिव, काली इत्यादि का भी वही अर्थ है।''

वास्तव में यूरोपीय बुद्धि में जो तत्व तर्क की अवस्था में ही रह जाता है उसी को इस महान् भारतीय की प्रबल भावप्रवणता-प्रज्वलित प्रतिबिम्बों का रूप दे रही थी। क्षण भर के लिए भी विवेकानन्द का अद्वैत में गहन श्रद्धा-भाव क्षीण नहीं हुआ। अपितु रामकृष्ण से विपरीत दिशा में चलकर वह विश्व-बोध की उसी अवस्था को प्राप्त हुए थे—उसी चिदाकाश को जिसमें मनुष्य एक ही साथ केन्द्र और परिधि दोनों है : व्यष्टि

भी है और समष्टि भी—ओंकार है जो अनाहत में विलीन होता रहता है—एक अनन्त आवागमन का आदि भी है और अन्त भी। उनके संन्यासी बन्धुओं को अब उनके और रामकृष्ण से सादृश्य को कुछ अस्पष्ट झलक मिलने लगी थी। प्रेमानन्द ने एक बार उनसे पूछा था, "क्या तुममें और रामकृष्ण में कोई भेद है?"

यह लौटकर बेलूर के नये मठ में आ गये और ९ दिसम्बर, १८९८ को उसकी प्रतिष्ठापना की। कुछ दिन पूर्व १२ नवम्बर को कलकत्ते में दुर्गा पूजा के दिन निवेदिता का कन्या विद्यालय खोला जा चुका था।

रोग के और दमघोट दमे के दौरों के बावजूद, जिनसे उनका चेहरा डूबते मनुष्य-सा नीला पड़ जाया करता था, वह मिशन के संगठन में शारदानन्द के सहयोग से जुटे रहे। वहाँ सामूहिक रूप से काम जारी था। संस्कृत, प्राच्यविद्या, पाश्चात्य दर्शन, शारीरिक परिश्रम और ध्यान सभी कुछ सिखाया जाता था। वह स्वयं औरों के सम्मुख आदर्श प्रस्तुत करते थे। तत्व मीमांसा पर व्याख्यान देकर वह खेत जोतने, कुआँ खोदने और आटा सानने में हाथ लगाते। वह श्रम देवता की मूर्तिमान स्तुति बन गये थे।

"एक श्रेष्ठ संन्यासी (व्यापक अर्थ में : वह जिसने ब्रह्म की सेवा का व्रत लिया है) ही श्रेष्ठकर्मी हो सकता है; क्योंकि वह निष्काम होता है…बुद्ध और ख्रीस्त से श्रेष्ठ कौन कर्म-कर्त्ता हुआ…कोई श्रम धर्मनिरपेक्ष नहीं…समस्त कर्म आराधना है, उपासना है…"

"अपरंच, कर्म छोटा-बड़ा कुछ नहीं है, सभी हितकर कर्म श्रेष्ठ हैं…"

"यदि मेरे गुरु भाई कहें कि जीवन भर मुझे मठ की नालियाँ साफ़ करने का कर्तव्य निबाहना है तो निश्चय ही मैं यही करूँगा। सच्चा नेता वही है जो जनहित के लिए आदेश शिरोधार्य करना जानता है…"

प्रथम कर्तव्य है 'त्याग'।

"बिना त्याग के कोई धर्म (वह कह सकते थे, "आत्मा का कोई गहरा संस्कार') स्थिर नहीं रह सकता।"

और जिसने 'त्याग सीखा है' वह 'संन्यासी' वेदोक्ति के अनुसार वेद के भी ऊपर हैं, क्योंकि वह सम्प्रदायों के, देवालयों के और धर्माधीशों के बन्धनों से मुक्त है। वह ईश्वर में और ईश्वर उसमें निवास करता है। उसे श्रद्धा ही यथेष्ट है।

"संसार का इतिहास उन थोड़े से पुरुषों का इतिहास है जिन्हें अपने में विश्वास रहा। वह विश्वास ब्रह्म-तेज जागृत करता है। तब तुम जो चाहो सो कर सकते हो। विफल तभी होगे जब ब्रह्म शक्ति के प्रकाश का यथेष्ट प्रयास नहीं करोगे। जैसे ही कोई व्यक्ति या राष्ट्र आत्मविश्वास खो देता है—वह नष्ट हो जाता है। पहले अपने में विश्वास करो, तब ईश्वर में। मुट्ठी भर आत्मविश्वासी पुरुष संसार को झकझोर दे सकते हैं…"

"तब फिर साहस करो। साहस व्यक्ति का श्रेष्ठतम गुण है। सदैव सम्पूर्ण सत्य कहने का, बिना भेद-भाव के, बिना भीति के अदूषित सत्य प्रत्येक से कहने का साहस करो।" छोड़ो समृद्ध की, सम्पन्न की चिन्ता। संन्यासी को समृद्ध व्यक्ति से क्या प्रयोजन। ऐश्वर्यशाली जनों की प्रशंसा करना और उनके आश्रय को लालायित होना वेश्या का चरित्र है। संन्यासी का कर्तव्य तो दरिद्र के प्रति है। उसे दरिद्र जन को स्नेह-संरक्षण देना चाहिए, समस्त शक्ति से उसकी सेवा करके आनन्दित होना चाहिए।

"केवल अपना मोक्ष चाहोगे तो नर्क में गिरोगे। दूसरे का मोक्ष चाहो···पर-सेवा के लिए नरक भी भोगना पड़े तो वह अपनी मुक्ति द्वारा अर्जित स्वर्ग से भी उत्तम है।···श्री रामकृष्ण भूतल पर आये और विश्व को जीवन दान कर गये। मैं भी आत्मोत्सर्ग करूँगा, तुम भी करोगे—तुम सब में प्रत्येक का यही पथ होगा। यह सब कार्य इत्यादि तो आरम्भ ही हैं। सत्य मानो कि हमारे रक्त बिन्दुओं से ईश्वर के महान् पराक्रमी सेवक और अनुचर उत्पन्न होंगे और वे सकल संसार में क्रान्ति मचा देंगे।"

उनके शब्दों में विलक्षण संगीत-माधुरी है—बीथोवेन की शैली में विरचित स्वरवृत्त, हैंडेल के वृन्द-गान जैसे मर्मस्पर्शी छन्द। यद्यपि ये प्रवचन तीन वर्ष पुरानी पुस्तकों में जहाँ-तहाँ लिपिबद्ध हैं तथापि आज इनका स्मरण मुझे विद्युत् स्पर्श की भाँति हर्षित कर जाता है। तब फिर जब ये महापुरुष के मुख से उच्चरित हुए होंगे तो इनकी ओजस्विता ने कैसा हर्ष, कैसा लोकोत्तर आनन्द दिया होगा।

उन्हें लग रहा था कि उनकी प्राण-शक्ति चुक रही है, "···जीवन एक समर है। मुझे युद्धरत ही मरने दो। शारीरिक कष्ट के दो वर्षों ने मुझसे मेरे जीवन के बीस वर्ष छीन लिए हैं। तब भी आत्मा निर्विकार रह गयी है। वह सर्वदा है, एक मूढ़ के समान अविकल : आत्मन···"

पश्चिम की दूसरी यात्रा

वह पश्चिम की दूसरी यात्रा पर चल पड़े कि वहाँ जो कार्य आरम्भ कर आये थे उनकी प्रगति देखें और उसमें कुछ और स्फूर्ति लायें। इस बार वह अपने साथ अपने बन्धुओं में अन्यतम विद्वान्, कुलीन, संस्कारी और संस्कृतज्ञ तुरीयानन्द को ले गये।

"पिछली बार उन्होंने एक योद्धा देखा था" उन्होंने कहा, "इस बार मैं उन्हें एक ब्राह्मण दिखाना चाहता हूँ।"

इस बार जाते समय उनकी अवस्था पिछली बार लौटते समय से बहुत भिन्न थी : अपनी कृश काया में वह शक्ति का प्रज्वलित कुण्ड छिपाये हुए थे जिससे मानो कर्म और संघर्ष का तेज निस्सृत हो रहा था और अपने निर्वीर्य देशवासियों की निष्क्रियता से वह इतने क्षुब्ध थे कि जहाज पर से कोर्सिका द्वीप को लक्ष्य करते ही उन्होंने 'युद्ध-नायक' नेपोलियन का अभिनन्दन किया।

नैतिक कायरता के प्रति उनकी घृणा इतनी तीव्र थी कि उन्होंने अपराधप्रेरक शक्ति को भी स्वीकार्य माना और जैसे-जैसे वह वय में बड़े होते गये उनकी यह धारणा गहरी होती गयी कि पूर्व और पश्चिम को एक-दूसरे का अवलम्ब बनना ही होगा। उन्होंने भारत और यूरोप को 'दो पूर्णयौवन देहयष्टियों' के रूप में, 'दो महान् प्रयोगों' के रूप में देखा 'जिनमें से कोई भी अभी सम्पूर्ण नहीं हुआ है।' इन दोनों को परस्पर सहायक होना चाहिए पर साथ ही एक को दूसरे का निर्बाध विकास भी स्वीकार करना चाहिए। उन्होंने दोनों को दुर्बलताओं की आलोचना का लोभ संवरण किया : दोनों ही अपरिपक्व अकृतज्ञवय के थे। उन्हें हाथ में हाथ डाले बड़े होना होगा। जब वह डेढ़ वर्ष बाद भारत लौटे तो वह जीवन से प्राय: सम्पूर्णतया विरक्त हो चुके थे और इस बार पाश्चात्य साम्राज्यवादिता का जो क्रूर स्वरूप उन्होंने उघरा देखा था उसने मन में सारा हिंस्र भाव निष्कासित कर दिया था : वह घृणा से भरी उसकी भूखी आँखों में आँखें डालकर देख चुके थे। उन्होंने जाना था कि अपनी पहली यात्रा में वह अमरीका और यूरोप के शौर्य, संगठन और मिथ्या लोकतंत्र के भुलावे में आ गये थे। अब उन्होंने छिपी हुई अर्थ-पिपासा का, लोभ का, सत्ता के भीषण संघर्ष में लगे हुए कुबेर-तंत्र के अनन्त प्रपंचों का रूप देख लिया था। वह एक सुदृढ़ संबंध के सौष्ठव का गुणगान करने में समर्थ थे...

"किन्तु भेड़ियों के झुण्ड में कौन सा-सौन्दर्य है?"

"पाश्चात्य जीवन" एक प्रत्यक्षदर्शी का कहना था, "उन्हें नरकवत् जान पड़ता था......"

भौतिक ऐश्वर्य के धोखे में वह अब आ नहीं सकते थे। उन्होंने देखा, आत्मशक्ति के विवश अपव्यय के पीछे कैसी पीड़ा, कैसी थकान और चंचल चेहरे के पीछे कैसा अवसाद छिपा हुआ है। उन्होंने निवेदिता से कहा, "पश्चिम में सामाजिक जीवन एक अट्टहास के समान है; पर उसके नीचे छिपा है एक करुण क्रन्दन। अन्त में बचती है केवल एक सिसकी। खेल-तमाशा जो कुछ है, सतह पर है : वास्तव में भीतर करुण वेदना भरी है...यहाँ भारत में ऊपर दिखता है शोक और दैन्य और भीतर बैठा है निश्चिन्तता और आमोद-प्रमोद।"

कैसे उन्हें यह भविष्यवक्ताओं जैसी सिद्ध दृष्टि मिली? कैसे और कब उनकी आँखों ने वृक्ष से छाल उतारकर फेंक दी थी और वह क्रीड़ा देख लिया था जो पश्चिम के समस्त बाह्य वैभव के बावजूद उसको खा रहा था और कैसे उन्हें घृणा और यातना के आने वाले दिनों की, युद्ध और क्रान्ति के वर्षों की आहट पहले ही मिल गयी थी? यह कोई नहीं जानता। उनकी इस बार की यात्रा का विवरण कभी लिखा गया, कभी नहीं लिखा गया : इस बार उनके साथ कोई गुडविन नहीं था। खेद है कि इक्का-दुक्का पत्रों के अतिरिक्त, जिनमें सबसे सुन्दर वह है जो आलमीडा से कुमारी मैकलियोड को लिखा गया था, जानने का कोई साधन नहीं है; केवल इतना ज्ञात है कि वह कहाँ-कहाँ गये और यह भी कि उनका कार्य सिद्ध हुआ।

लन्दन में रुकते हुए वह अमरीका पहुँचे और प्रायः एक वर्ष वहाँ रहे। वहाँ उन्होंने देखा अभेदानन्द का वैदान्तिक प्रचार पूरी स्फूर्ति से चल रहा है। उन्होंने तुरीयानन्द को न्यूयार्क के पास मोंट क्लेयर में बसा दिया और आप जलवायु की दृष्टि से कैलिफोर्निया जाने का निश्चय किया। वहाँ रहकर उन्होंने अनेक मास तक के लिए स्वास्थ्य लाभ कर लिया। वहीं उनके अगणित व्याख्यान हुए। सैनफ्रांसिस्को, आलमीडा और ओकलैंड में उन्होंने नये वेदान्त केन्द्र स्थापित किये। सैंटाक्लारा जिले में उन्हें एक सौ साठ एकड़ वन-भूमि दान की गयी। वहाँ उन्होंने एक आश्रम स्थापित किया जिसमें तुरीयानन्द चुने हुए छात्रों को आश्रम जीवन का अभ्यास कराते थे। निवेदिता भी आ गयीं; उन्होंने न्यूयार्क में भारतीय स्त्री के आदर्शों पर तथा प्राचीन भारतीय विद्याओं पर व्याख्यान किये। श्री रामकृष्ण की अल्पसंख्य किन्तु सुयोग्य टोली काम में जुटी हुई थी। कार्य की प्रगति होती रही और उसमें निहित विचार प्रतिपादित होते रहे।

परन्तु टोली के नेता—बहुलांश में अब इस संसार से असम्पृक्त हो चले थे। अमराई के चतुर्दिक छायाएँ फिरने लगी थीं...ये छायाएँ थीं या किसी अपरिचित ज्योति की परछाई थीं?—हमारे सूर्य की तो नहीं थी...

"मेरे लिए प्रभु से कामना करो कि मेरा कार्य नि:शेष हो और मेरी आत्मा माँ में विलीन हो जाये···मैं स्वस्थ हूँ····बुद्धि से पूर्ण स्वस्थ हूँ। मेरी आत्मा में शरीर की अपेक्षा अधिक शान्ति है—मैं युद्ध हार चुका और जीत चुका हूँ···अपना सामान बाँधकर तैयार हूँ और महात्राता की प्रतीक्षा कर रहा हूँ। शिव, हे शिव, मेरी नौका भवसागर के पार ले चल···मैं तो वही बालक हूँ जो दक्षिणेश्वर में वट तले विमुग्ध होकर श्री रामकृष्ण के वचनामृत का पान किया करता था : वही मेरा सत्य स्वभाव है : कर्म व्यापार, परोपकार इत्यादि सब उस पर आरोपित सत्य हैं···आज मैं फिर उनकी वही वाणी सुन रहा हूँ : वही चिर परिचित स्वर आत्मा को आन्दोलित कर रहा है। बन्धन टूट रहे हैं, आसक्ति मिट रही है, कर्म नीरस हो रहा है जीवन मोह-मुक्त हो गया है। अब केवल गुरु का स्वर सुन पड़ता है····'अतीत को अतीत मानो···मेरे साथ आओ'····'आता हूँ···वत्सल प्रभु···मैं आ रहा हूँ', निर्वाण मेरे समीप है····वही निष्कम्प अचंचल शान्ति का पारावार है यह···सुखी हूँ मैं कि मैंने शरीर धारण किया, सुखी हूँ कि उसका कष्ट भोगा, सुखी हूँ कि भूला, भटका···सुखी हूँ कि अब विश्रान्ति की गोद में हूँ। न मैंने किसी को बाँधा, न मैं कोई बन्धन मानता हूँ···महास्थविर सदा को जा चुके हैं। वह मेरे मार्गदर्शक, गुरु, अग्रणी, अब नहीं हैं····"

कैलिफोर्निया की प्रफुल्ल धूप और स्निग्ध हरीतिमा से युक्त नैसर्गिक जलवायु में उनकी कर्मठ इच्छाशक्ति ने अपने को ढीला छोड़ दिया, उनका श्लथ अस्तित्व स्वप्न-तन्द्रा में खो गया, देह और आत्मा अलग-अलग तिर चले····

"यह दिव्य शान्ति, यह निस्तब्धता जो निश्चय ही मायावी जान पड़ती है मेरे हस्तक्षेप से खण्डित न हो जाये इस भय से मैं निश्चेष्ट हूँ। मेरे कर्म के पीछे महदाकांक्षा थी, प्रेम के पीछे अहंकार था, मेरी पवित्रता के पीछे भय था और मेरे उपदेश के पीछे मेरी गौरव-लिप्सा...अब ये सब तिरोहित हो रहे हैं और मैं अवश बह रहा हूँ···आ रहा हूँ, माँ, मैं तेरी गोद की ऊष्मा में छिपने आ रहा हूँ····बहाते-बहाते तू मुझे जहाँ चाहे····नि:स्वन, नवीन अज्ञात लोक में ले चल। मैं तो अब केवल दर्शक हूँ, अभिनेता नहीं हूँ। आह, कितनी शान्ति है। मानो मेरा अपना स्वर अन्तस्थल के जाने किस सुदूर प्रदेश से उठकर आ रहा है—वह दूरागत अस्फुट उच्छ्वास-सा सुन पड़ता है और शान्त-स्निग्ध मधुर शान्ति सर्वत्र विराज रही है—वही जो नींद आने के ठीक पहले हम अनुभव करते हैं, जिसमें सभी आकार छायावत् प्रतीत होते हैं जो निर्भय, निर्द्वन्द्व, निरासक्त है····आ रहा हूँ, प्रभु! संसार है पर वह न सुन्दर है न असुन्दर है, उसकी प्रतीति है पर वह रागमुक्त है। आह कितना दिव्य है यह अनुभव। प्रत्येक वस्तु शिव है, सुन्दर है क्योंकि वह—सर्वप्रथम मेरी देह—मेरे निकट निराकार होती जा रही है। ओम् तत्सत्।"

प्रत्यंचा से छूटे बाण में अब भी गति भरी थी और वह अब भी आकाश चीरता उड़ा जा रहा था पर वह जानता था कि अब भूमि पर गिरना ही है...कितना मधुर क्षण था

वह, 'नींद आने के ठीक पहले का क्षण'—विलय का क्षण—जिसमें निर्मम नियति की प्रेरक शक्ति चुक जायेगी और प्रत्यंचा और लक्ष्य दोनों से निरपेक्ष होकर बाण ऊर्ध्व में विलीन हो जायेगा····।

विवेकानन्द रूपी बाण का पथ शेषप्राय था। उन्होंने जुलाई १९०० को अतलांतक पार किया। वह पेरिस गये जहाँ वह 'यूनिवर्सल एक्सपोजिशन' के उपलक्ष्य में आयोजित धार्मिक इतिहास सम्मेलन में आमंत्रित थे। यह कोई विश्व-धर्म सम्मेलन न था जो शिकागो में हुआ। वैसा कुछ कैथोलिक सत्ता होने ही न दे सकती थी। यह तो शुद्ध इतिहास और विज्ञान के विषय का एक सम्मेलन था। विवेकानन्द का जीवन मुक्ति-पथ के जिस पड़ाव पर पहुँच चुका था उस पर आकर उनकी आत्मा और अस्तित्व नहीं, केवल बुद्धि ही उस सम्मेलन से परितोष पा सकती थी। सम्मेलन की विषय समिति ने उनसे इस प्रश्न की विवेचना का आग्रह किया कि क्या वैदिक धर्म प्रकृति-पूजा की उत्पत्ति है? उन्होंने आपर्ट के साथ तर्क किया। उनका विषय था 'वेद : हिन्दू और बौद्ध मत का एकाधार।' उन्होंने गीता और कृष्ण को बौद्ध धर्म से वरिष्ठ ठहराया और यह सिद्धान्त अमान्य कर दिया कि भारत के ज्ञान-विज्ञान पर, नाट्यशास्त्र पर अथवा कलाओं पर यूनानी प्रभाव था।

पेरिस में उन्होंने अधिकांश समय फ्रांसीसी संस्कृति को दिया। वह पेरिस के बौद्धिक और सामाजिक महत्त्व से चमत्कृत हो गये। भारत में प्रकाशनार्थ एक लेख में उन्होंने लिखा, "पेरिस यूरोपीय संस्कृति का केन्द्र और उत्स है। पश्चिम की नैतिकता और सामाजिकता वहीं निर्धारित होती है, वहाँ का विश्वविद्यालय अन्य सब विश्वविद्यालयों का आदर्श है। पेरिस स्वाधीनता की जन्मभूमि है और उसने यूरोप में नया प्राण संचार किया है।"

उन्होंने कुछ समय लैनिअन में अपनी पुरानी मित्र श्रीमती ओल बुल और भगिनी निवेदिता के साथ बिताया। संत मिकायल के पुण्य दिवस पर वह मोंट सेंट मिकायल के दर्शन को गये। वह हिन्दू धर्म और रोमन कैथोलिक धर्म की समानता से और भी प्रभावित होते गये । यही नहीं, उन्होंने देखा कि यूरोप की जातियों में भी एशियाई रक्त का न्यूनाधिक मात्रा में सम्मिश्रण पाया जाता है। यूरोप और एशिया में कोई आत्यन्तिक भेद है, यह तो उन्होंने नहीं ही माना; माना यह कि यूरोप और एशिया का घनिष्ठ सम्पर्क हो तो यूरोप का सांस्कृतिक पुनरुत्थान अनिवार्य है; क्योंकि पूर्व के प्रतिदान से उसका आध्यात्मिक भंडार फिर से परिपूर्ण हो जायेगा। खेद की बात है कि पेरिस के पाश्चात्य नैतिक जीवन के ऐसे सूक्ष्म अध्येता को फ्रांसीसी-मानस के अन्वेषण में केवल फादर हाईसिन्थ और जूल्स बोट का दिग्दर्शन प्राप्त हुआ।

वह फिर २४ अक्टूबर को वियना और कुस्तुंतुनिया के रास्ते से पूर्व की दिशा में चल पड़े। आस्ट्रिया से गुजरते हुए उन्होंने उस पर एक विलक्षण टिप्पणी की, "यदि

तुर्क यूरोप का अस्वस्थ पुरुष है तो आस्ट्रिया अस्वस्थ स्त्री है।'' यूरोप ने उन्हें क्लान्त भी किया विरक्त भी। उन्हें उसमें युद्ध दुर्गन्ध आयी। वह चारों ओर से उठ रही थी। ''यूरोप'', उन्होंने कहा ''एक विशाल सैनिक शिविर है....''

मार्ग में वह कुछ समय के लिए बासफ़ोरस के तट पर सूफ़ी साधुओं से वार्तालाप के लिए ठहरे—फिर यूनान में जहाँ एथेंस और इल्यूसिस की स्मृति सुरक्षित है और फिर काहिरा के संग्रहालय में भी गये परन्तु वह दिन-प्रति-दिन बाह्य दृश्य जगत से असम्पृक्त और एकाग्र चिन्तन में निमग्न होते जाते थे। निवेदिता ने कहा कि उनके यूरोप-प्रवास के अन्तिम महीनों में तो कभी-कभी ऐसा प्रतीत होता था कि वह चारों ओर के कर्म-व्यापार से नितान्त उदासीन हो गये हैं। उनकी आत्मा बृहत्तर आकाश की ओर उड़ी जा रही थी। मिस्त्र में ऐसा दिखा जैसे वह चेतना के अन्तिम पृष्ठ पलट रहे हैं।

हठात् उन्होंने सुना, कोई गुरु गम्भीर स्वर में उन्हें वापस बुला रहा है। एक दिन का विलम्ब न करके उन्होंने पहला स्टीमर पकड़ा और एकाकी भारत लौट आये; मानो देह चिता के पास वापस आ गयी।

महा-प्रयाण

उनके पुराने सच्चे मित्र श्री सेवियर उनसे ठीक पहले जा चुके थे। उनका देहांत २८ अक्टूबर को हिमालय में उनके अपने बनाये आश्रम में हुआ था। विवेकानन्द ने यह संवाद वापस आने पर ही सुना किन्तु उसका पूर्वज्ञान उन्हें रास्ते में ही हो गया था। बेलूर में विश्राम के लिए न रुककर उन्होंने मायावती को तार दिया कि मैं आश्रम आ रहा हूँ। उस ऋतु में हिमालय दुर्गम हो रहा था और विवेकानन्द के स्वास्थ्य का जो हाल था उसमें यात्रा और भी दुष्कर थी। उसमें चार दिन बर्फ़ में चलना पड़ता : शीत उस वर्ष विशेष रूप से कठोर था। कुलियों और हमालों को बुलाने का प्रबन्ध किये बिना ही वह अपने दो साधुओं को लेकर चल पड़े, मार्ग में आश्रम से आया एक सहचर साथ हो लिया; किन्तु बर्फ़, धुन्ध और बादल के मारे चलना उनके लिए दुस्साध्य हो गया; उनका दम घुटने लगा और उनके घबराये हुए सहचर उन्हें मायावती के मठ बड़ी कठिनाई से ले जा पाये। वह ३ जनवरी १९०१ को वहाँ पहुँचे और श्रीमती सेवियर से साक्षात् करने का, वहाँ का कार्य सुचारु रूप से सम्पन्न देखने का और गिरि-शिखर पर खड़े सुन्दर आश्रम की शोभा निहारने का आनन्द सुखकर अवश्य था परन्तु वह एक पखवारे से अधिक वहाँ रुक न पाये : दमे से उनका श्वास अवरुद्ध होने लगता, स्वल्प परिश्रम से वह श्लथ हो जाते। "यह शरीर कृतकार्य हो चुका" उन्होंने कहा। और १३ जनवरी को उन्होंने अपना अड़तीसवाँ जन्म-दिन मनाया। जो हो, उनकी तेजस्विता निरन्तर अक्षुण्ण रही। इस अद्वैत आश्रम में, जो उनकी इच्छा के अनुसार ब्रह्म की उपासना के लिए समर्पित था, उन्होंने एक बार देखा कि श्री रामकृष्ण की पूजा के लिए अलग एक कक्ष बना हुआ है और वह जो कि रामकृष्ण के हार्दिक भक्त थे, जो अपने जीवन के इन अन्तिम वर्षों में गुरु के अनन्य आराधक बन गये थे इस व्यक्ति-पूजा से, देव-स्थान के अपवित्र होने से क्षुब्ध हो उठे। उन्होंने अपने अनुयायियों को सावधान किया कि अद्वैत की श्रेष्ठ अध्यात्म-साधना के मठ में किसी द्वैतवादी धर्म-ग्रंथ को स्थान नहीं मिलना चाहिए।

जो लगन उन्हें खींच कर यहाँ लायी थी, वही वापस भी ले गयी। कुछ भी उन्हें रोक नहीं पाया। १८ जनवरी को मायावती से प्रस्थान करके चार दिन कहीं बर्फ और कहीं फिसलनी ढलानों पर से उतरते हुए वह २४ जनवरी को बेलूर अपने मठ में फिर आ गये।

बेलूर से वह अपनी माता के साथ पूर्व बंगाल और असम के तीर्थ-स्थानों की, ढाका और शिलांग की अन्तिम यात्रा पर एक बार निकले थे और श्लथ होकर लौटे थे : इसके अतिरिक्त वह बेलूर से केवल एक बार, १९०२ के आरम्भ में वाराणसी में संक्षिप्त प्रवास के लिए और निकले थे। उनके जीवन की महायात्रा समाप्त हो गयी थी…''

''तो क्या हुआ?'' उन्होंने सगर्व पूछा, 'मैंने इतना कुछ कर दिया है : वह डेढ़ हजार वर्ष तक बना रहेगा।''

मठ में उन्होंने पहली मंजिल के एक बड़े हवादार कमरे में रहना पसन्द किया जिसमें तीन द्वार और चार खिड़कियाँ थीं।

''सामने विपुला गंगा उज्ज्वल धूप में थिरक रही थी; केवल कभी-कभी कोई एक भारवाहिनी नौका की पतवार की छपाका निस्तब्धता भंग कर जाता है…चारों ओर हरियाली है और सुनहरापन है और घास मखमल की तरह दिख रही है…''

वह प्रकृतिमय जीवन जी रहे थे मानो फ्रांसिस के साधु जैसे कोई पवित्र गोपाल हों! वह फुलवारी में और गोशाला में अपने हाथों से काम करते। शकुन्तला में वर्णित तपस्वियों की भाँति अपने प्रिय पशु-पक्षियों से वह घिरे रहते : बाघा नामक कुत्ता, हांसी बकरी, मटरू मेमना जो गले में घंटियाँ पहने शिशुवत उछलता-कूदता रहता, एक मृग, एक सारस, हंस और बत्तखें, गायें और भेड़ें। वह ध्यानाविष्ट में आते-जाते, कभी अपने मधुर गम्भीर स्वर से गा उठते, कभी मुग्ध भाव से कोई मनचाहा शब्द दोहराते रहते : समय के प्रवाह की उन्हें चिन्ता न रहती।

परन्तु वह कुशल मठाधीश के समान यह भी जानते थे कि अपने शरीर-कष्ट को भूलकर कठोर नियंत्रण के अधीन मठ का संचालन कैसे करना होता है। मृत्यु-पर्यन्त प्राय: प्रतिदिन वह जिज्ञासुओं को ध्यान-साधन सिखाने के लिए वेदान्त-शिक्षा देते रहे, कार्यकर्ताओं में उन्होंने आत्म-विश्वास, पौरुष जागृत किया; वह व्यवस्था और शुचिता पर निरन्तर ध्यान देते रहे, साप्ताहिक कार्यक्रम बनाकर दिनचर्या के प्रत्येक नियम का पालन यथावत् हो रहा है या नहीं इसका निरीक्षण करते रहे; कोई त्रुटि गुरु से अलक्षित नहीं रह सकती थी उनके चारों ओर एक पराक्रम-मंडित वातावरण बना रहता—प्राणी की दीप्ति में भगवान् निरंतर समुपस्थित रहते। एक बार वह आँगन में वृक्ष के तले खड़े थे कि छात्रों को उपासना के लिए जाते हुए देखकर उनसे बोले : ''ब्रह्मन् को कहाँ खोजने जाते हो…वह तो सब भूतों में अन्तरस्थ है। यह रहा ब्रह्म का साकार रूप! धिक्कार है उनको जो साकार ब्रह्म को छोड़ अपना मन औरों में लगाते हैं। यह जो तुम्हारे सम्मुख है ब्रह्मन् है : हस्तामलकवत्। देख नहीं पाते क्या? यह, यह यही है।…''

इतनी तेजमयी उनकी वाणी थी कि प्रत्येक श्रोता अभिभूत हो गया और चौथाई घंटे तक वे सब उसी जगह बँधे हुए खड़े रह गये मानो जड़ हो गये हों। विवेकानन्द को अन्तत: कहना पड़ा, ''जाओ उपासना करो।''

उधर उनका रोग दिन-प्रतिदिन बढ़ता गया। मधुमेह ने जलोदर का रूप ले लिया : पाँव सूज गये और कोई-कोई अंग अतिरिक्त रूप से क्लिन्न हो गया। नींद प्रायः आती ही नहीं थी। चिकित्सक ने परिश्रम एकदम मना कर दिया और उन्हें अत्यन्त कठिन नियमों से बाँध दिया; पानी पीना मना किया गया तो उन्होंने अविचल धैर्य से वह आदेश भी स्वीकार कर लिया। इक्कीस दिन तक एक बूँद जल भी उन्होंने उदरस्थ नहीं किया—मुँह धोते समय भूल से भी नहीं। उन्होंने कहा, ''देह तो मन का आवरण है। मन जो आदेश देगा, देह को उसका पालन करना ही होगा। मैं तो अब जल का ध्यान ही मन में नहीं लाता। मुझे उसका अभाव नहीं खटकता...देखता हूँ, मैं जो चाहूँ कर सकता हूँ।''

अध्यक्ष का अस्वास्थ्य मठ के कार्य और पर्वों में बाधा का कारण नहीं बन पाया। वह चाहते थे कि पर्वादि समारोह-पूर्वक विधिवत सम्पन्न हों क्योंकि उनका स्वतन्त्र मानस, जो एक ओर समाज-सुधार के हित में प्रवाद भी स्वीकार कर सकता था, दूसरी ओर जन-जीवन में श्रद्धा की निर्मल धारा प्रवाहित रखने वाले मांगलिक कार्यों के परम्परागत लालित्य के लिए ममता से भरा भी था—यद्यपि धर्मान्ध जनों की अमानवीय रूढ़िवादिता के लिए उसमें केवल घृणा थी।

अतएव अक्टूबर १९०१ में दुर्गा-पूजा के अवसर पर, जो हमारे क्रिसमस के तुल्य बंगाल का राष्ट्रीय पर्व है, स्निग्ध शरद-सुषमा का उल्लासपूर्वक अभिनन्दन किया गया—यह वही ऋतु है जिसमें बन्धुओं का पुनर्मिलन होता है, उपहार दिये और लिये जाते हैं और मठ में तीन दिन तक सहस्त्रों अनाथ भोजन पाते हैं। फरवरी १९०२ में रामकृष्णोत्सव के अवसर पर तीस सहस्त्र से अधिक भक्त एकत्र हुए। परन्तु विवेकानन्द को ज्वर था और पैरों में सूजन के कारण वह कमरे में ही रह सकते थे। खिड़की से वह नृत्य-संकीर्तन देखते रहे और परिचर्या करने वाले शिष्य को धीरज बँधाते रहे; मन से वह चुपचाप अकेले उन दिनों को एक बार फिर से जी रहे थे जो कभी दक्षिणेश्वर में गुरु-चरणों में व्यतीत हुए थे।

एक अनुपम सुख फिर भी बचा था। ओकाकुरा नामक एक प्रसिद्ध व्यक्ति उनसे मिलने आये। उनके साथ ओडा नामक जापानी बौद्ध महाधीश भी थे और उन्होंने विवेकानन्द को आगामी धर्म सम्मेलन में आने का निमंत्रण दिया। दोनों की यह भेंट हृदयस्पर्शी थी। दोनों ने परस्पर अपना सम्बन्ध पहचाना।

''हम लोग'' विवेकानन्द ने कहा, ''दो बिछुड़े भाई हैं जो पृथ्वी के दो छोरों से यहाँ आकर मिल गये हैं।''

ओकाकुरा ने विवेकानन्द से अनुरोध किया कि दोनों साथ-साथ प्राचीन बोधगया के अवशेष देखने चलें। विवेकानन्द ने, जिनका रोग कुछ सप्ताह से शमित था, यह अनुरोध स्वीकार किया तथा वाराणसी का अन्तिम दर्शन कर आये।

जीवन के अन्तिम वर्ष में उन्होंने जो विचार प्रकट किया और जिन योजनाओं एवं आकांक्षाओं का संकेत दिया वे सब अनुरागी शिष्यों ने अविकल रूप में संकलित कर ली थीं। भारत के पुनर्जीवन की चिन्ता उनके मन को ओतप्रोत किये थी : उनकी अन्य दो अभीष्ट योजनाएँ थीं—एक, कलकत्ते के निकट एक वैदिक कालेज खोलने की, जहाँ विदग्ध आचार्य प्राचीन आर्यसंस्कृति और संस्कृत-विद्या का अध्यापन करें और दो, गंगातट पर श्री माँ (रामकृष्ण की विधवा पत्नी) के निर्देशन में बेलूर मठ के अनुरूप एक मठ स्त्रियों के लिए स्थापित करने की।

किन्तु उनकी सच्ची आध्यात्मिक वाणी का साक्ष्य तो वह सुन्दर उद्‌गार है जो एक दिन सन्थाल श्रमिकों से बात करते हुए उनके विगलित अन्तर से निकला था। वे सर्वहारा जन मठ के परिवेश में मिट्टी खोदने के काम पर लगे हुए थे। विवेकानन्द उनके प्रति अत्यन्त वत्सल थे; वह उनकी एक टोली में जा मिले, कुछ उनसे कहा, कुछ उनकी सुनी, उनका दुखड़ा सुनकर स्वयं रो पड़े। एक दिन उनको चिर भोजन का निमंत्रण दिया था; उस समय बोले, "तुम सब तो नारायण हो; आज साक्षात् नारायण ने मेरा आतिथ्य ग्रहण किया है।"

तब शिष्यों से अभिमुख होकर कहने लगे, "देखो, ये दीन-हीन-निरक्षर जन कितने सरल-हृदय हैं। क्या तुम इनका कष्ट कुछ भी कम न कर सकोगे? अन्यथा हमारे गेरुआ धारण करने का क्या प्रयोजन होगा?…कभी-कभी मेरा मन कहता है, मठादिक निर्माण करके क्या होगा? इन्हें बेच-बाचकर कुल राशि दरिद्रनारायण को अर्पित कर दो! हम वृक्ष की छाँह तले बसेरा करने वालों को घर-द्वार की चिन्ता क्यों हो! हाय, हमारे देशवासी जब रोटी-कपड़े को तरस रहे हों तो क्या हम अपने मुख में ग्रास देते लज्जित नहीं होते? माँ, क्या इनकी कोई निष्कृति नहीं? तुम जानते हो, पश्चिम में धर्म-प्रचार करने जाने का मेरा एक उद्देश्य अपने देशवासियों के भरण-पोषण के लिए साधन खोजना था। उनका दुःखदैन्य देखकर मैं कभी-कभी सोचता हूँ, फेंक दो यह सब पूजा-पाठ का आडम्बर—शंख फूँकना, घंटी बजाना और दीप लेकर आरती उतारना बन्द करो…निजी मुक्ति की साधना का, शास्त्र के ज्ञान का घमंड छोड़ दो—गाँव-गाँव घूमकर दरिद्र की सेवा में जीवन अर्पित कर दो—अपने चरित्र-बल से, अध्यात्म शक्ति से, पवित्र जीवन से, सम्पन्न महानुभावों को समाज के प्रति उनके कर्तव्य का बोध कराओ; धन-साधन संग्रह करो कि दीन-दुःखी की सेवा हो सके…धिक्कार है कि हमारे देश में दलित की, विपन्न की, संतप्त की चिन्ता कोई नहीं करता। जो राष्ट्र की रीढ़ है, जिसके परिश्रम से अन्न उत्पन्न होता है, जिसके एक दिन काम बन्द करते ही महानगर त्राहि-त्राहि कर उठते हैं—उसकी व्यथा समझने वाला कौन है हमारे देश में? कौन उसका सुख-दुःख बँटाने को तैयार है? देखो, कैसे हिन्दुओं की सहानुभूति-शून्यता के कारण मद्रास प्रदेश में सहस्त्रों अछूत ईसाई-धर्म ग्रहण करते जा रहे हैं। मत समझो कि वे भूख के मारे ही धर्म-परिवर्तन करने को तैयार हुए हैं। इसलिए हुए हैं कि तुम उन्हें अपनी समवेदना नहीं दे

सकते। तुम निरन्तर उनसे कहते रहते हो, 'छुओ मत! यह मत छुओ, वह मत छुओ।' इस देश में कहीं कोई दया-धर्म बचा है कि नहीं? या कि केवल 'मुझे छुओ मत' रह गया है। लात मार कर निकाल बाहर करो इस भ्रष्ट आचरण को समाज से। कितना चाहता हूँ कि अस्पृश्यता की दीवारें ढहाकर सब ऊँच-नीच को एक में मिलकर पुकारूँ, 'आओ सब दीन-हीन, सर्वहारा पद-दलित विपन्न जन, आओ हम श्री रामकृष्ण की छत्रछाया में एकत्र होवें।' जब तक ये जन नहीं उठेंगे, भारतमाता का उद्धार नहीं होगा। यदि हम इनको अन्न-वस्त्र भी न जुटा पायें तो हम किस काम के? वे बेचारे संसार के कुटिल प्रपंचों से अनभिज्ञ हैं तभी दिन-रात देह खपा करके भी जीविका नहीं जुटा पाते। आओ, सब मिलकर, चेष्टा करके उनकी आँखों पर से अज्ञान का परदा हटा दो। मुझे तो दोपहर के सूर्य के समान स्पष्ट है कि उनमें भी वही **ब्रह्मन्**, वही शक्ति निवास करती है जो मुझमें है। केवल उसकी अभिव्यंज्ना में अन्तर है—बस और कुछ नहीं। क्या तुमने सम्पूर्ण विश्व-इतिहास में आज तक ऐसे किसी राष्ट्र को उन्नति करते देखा है जिसके देह-यंत्र में राष्ट्रीय-रक्त का संचार सर्वत्र एक समान न हो। निश्चय जानो कि जिस देह का एक अंग निःस्पन्द हो वह कोई बड़ा काम नहीं कर सकती...''

किसी एक गृहस्थ शिष्य ने भारत में एकता एवं समता की स्थापना में बाधाओं का उल्लेख किया। विवेकानन्द खिन्न होकर बोले, ''किसी कार्य को दुस्साध्य मानते हो तो यहाँ मत आया करो। प्रभु की अनुकम्पा से सब कुछ सुगम हो जाया करता है। तुम्हारा कर्तव्य है बस, जात-पाँत न देखकर दीन-दुखियों की सेवा करते जाओ। तुम्हें अपने कर्म के फल की चिन्ता का क्या अधिकार? तुम केवल अपना काम किये जाओ सब बाधाएँ मिट जायेंगी, सब कार्य सिद्ध होंगे। तुम सब मेधावी बालक हो और अपने को मेरा शिष्य कहते हो। बताओ तो, तुमने क्या-क्या काम किया हैं? एक जन्म दूसरों को दे डालना क्या तुमसे नहीं होगा? वेदान्त-पाठ और ध्यानाभ्यास इत्यादि अगले जन्म में कर लेना। यह शरीर पर सेवा में अर्पित कर दो—तब समझूँगा कि तुम्हारा मेरे पास आना सार्थक हुआ।''

अनन्तर उन्होंने कहा, ''इतनी तपस्या के प्रश्चात् मैंने जाना है कि परम सत्य है कि वह सब भूतों में विद्यमान है। सब उसी के असंख्य रूप हैं। उसके अतिरिक्त कोई और आराध्य नहीं। भगवान् की उपासना वही करता है जो सब प्राणियों की सेवा करता है।''

शुद्ध अपरिच्छन्न सत्य हैं इन शब्दों में। मानो अस्तप्राय सूर्य, देदीप्यमान वर्णवैचित्र्य में विलीन हो जाने के पहले मेघों के पीछे से फूट निकला हो : सब प्राणी एक समान हैं। सब उसी एक परब्रह्म के अंश, सब उसी एक परमात्मा को धारण करते हैं। और वह परमात्मा अनन्य है। जो उसकी सेवा का इच्छुक है, वह मनुष्य की—और प्रथमतः दीनतम, तुच्छतम, हीनतम मनुष्य की सेवा करें। सीमाएँ तोड़ गिराओ। अस्पृश्यता को, अमानवीयता को, जो भारत में जघन्यतम रूप से प्रकट भले ही हुई हो परन्तु इसी देश

की विशेषता नहीं है(यूरोप ने भी अपने सामाजिक पाखंड से कुछ अछूत पैदा किये हैं जिनके सम्पर्क से वह भागता है) प्रत्युत्तर दो—बाँहें फैलाकर,बन्धुओं को गुहार कर।

विवेकानन्द के शिष्यों ने इस आदेश का पालन किया है। श्री रामकृष्ण मिशन दरिद्र और तिरस्कृत जन के कल्याण में अथक भाव से निरत रहा है—सन्थाल लोगों की हित-चिन्ता वह विशेष रूप से करता रहा है क्योंकि जाते-जाते विवेकानन्द उन्हें मिशन को सौंप गये थे।

एक अन्य व्यक्ति ने भी उनके हाथ से गिरती मशाल थामी है : उसने पुकारा है, "आओ, सब दरिद्र, पद-दलित, परित्यक्त जन, आओ हम तुम सब एक हैं" और समाज में अछूतों को उनका अधिकार और स्थान दिलाने के लिए धर्मयुद्ध छेड़ा है—वह है, मोहनदास कर्मचन्द गाँधी।

जब वह मृत्यु-शय्या पर पड़े हुए थे, उनके आत्माभिमानी मन को अभियान की निस्सारता का अनुभव हुआ और उसने पाया कि सच्ची महानता, तुच्छ वस्तुओं में निहित है :"विनम्र, कर्म जीवन।"

"मैं देखता हूँ कि जैसे-जैसे आयु बीतती जाती है, वैसे-वैसे मैं नगण्य वस्तुओं में और भी महानता खोजता जाता हूँ···श्रेष्ठ पद पर आसीन होने से तो हर कोई महान् हो जायेगा। कायर भी रंगमंच के प्रकाश में खड़ा कर दिया जाये तो साहस प्रदर्शित करेगा···संसार देख रहा है! मुझे तो सच्ची महानता अनवरत, अहर्निश निःशब्द अपना काम करते कृमि में अधिकाधिक स्पष्ट दिखायी दे रही है।"

मृत्यु निकट आ रही थी। उन्होंने निर्भय उसकी आँखों में आँखें डाल दी और अपने सब शिष्यों को—जो दूर देश में थे उन्हें भी—स्मरण किया। उनके प्रशान्त रूप को देख उपस्थित जन धोखे में आ गये : उन्होंने समझा कि अभी इनकी तीन या चार वर्ष आयु और होगी, जबकि वह स्वयं जानते थे कि यह विदा की वेला है। परन्तु उन्हें अपना काम दूसरे हाथों में सौंप जाते कोई दुःख न था।

उन्होंने कहा, "कितने ही गुरु अपने शिष्यों को इसलिए बिगाड़ जाते हैं कि वे सब समय उनके सामने बने रहते हैं।"

उन्होंने यह आवश्यक समझा कि वह अपने शिष्यों से दूर चले जायें ताकि वे अपने पैरों पर खड़े हो सकें। सामयिक प्रश्नों पर उन्होंने कोई मत प्रकट करने से इन्कार कर दिया :

"अब मेरा किसी बाह्य व्यापार से और प्रयोजन नहीं", उन्होंने कहा, "मेरी यात्रा आरम्भ हो चुकी है।"

पुण्य-तिथि शुक्रवार ४ जुलाई १९०२ को वह इतने प्रफुल्ल और प्रसन्न दिख रहे थे जितने वर्षों से नहीं दिखे थे। ब्राह्म मुहूर्त में वह उठे। पूजा-घर जाकर सब कुछ खुला रखने के अपने अभ्यास के प्रतिकूल उन्होंने खिड़कियाँ भेड़ दीं और दरवाजे बन्द कर

लिए। वहाँ एकान्त में सबेरे आठ से ग्यारह बजे तक ध्यान किया और काली की एक ललित स्तुति गायी। पर जब बाहर आँगन में आये तो बिल्कुल बदल ही गये। उन्होंने रुचिपूर्वक शिष्यों के मध्य बैठकर भोजन किया फिर तत्काल छात्रों को संस्कृत पढ़ाने लगे। बड़े उत्साह और स्नेह से तीन घण्टे पढ़ाते रहे। फिर प्रेमानन्द के साथ बेलूर मार्ग पर प्रायः दो मील पैदल चले; अपनी वैदिक कालिज की योजना बतायी और वैदिक अध्ययन के विषय में बात करते रहे : ''उससे अन्धविश्वास नष्ट हो जायेगा'', उन्होंने कहा।

सन्ध्या आई—अपने संन्यासी बन्धुओं से उनका अन्तिम स्नेहमय वार्तालाप हुआ। उन्होंने राष्ट्रों के अभ्युदय और पतन का प्रसंग उठाया।

''भारत परमात्मा की खोज में लगा रहता है तो वह कभी मिट नहीं सकता। किन्तु वह यदि राजनीति और समाज संघर्ष में पड़ता है तो वह नष्ट हो जायेगा।''

सात बजे मठ में आरती के लिए घण्टी बजी। वह अपने कमरे में चले गये और गंगा की ओर देखने लगे। फिर उन्होंने उस छात्र को जो उनके साथ था, बाहर भेज दिया; कहा कि मेरे ध्यान में विघ्न नहीं होना चाहिए। पैंतालीस मिनट बाद उन्होंने उसे बुलाया। सब खिड़कियाँ खुलवा दीं। भूमि पर चुपचाप बाईं करवट लेट रहे और ऐसे ही निश्चल लेटे रहे। वह ध्यान-मग्न प्रतीत होते थे। घण्टे पहर बाद उन्होंने करवट ली, गहरा निःश्वास छोड़ा। कुछ एक क्षण तक मौन छाया रहा—पुतलियाँ पलकों के मध्य में स्थिर हो गयीं—एक और गहरा निःश्वास और फिर चिर मौन छा गया।

विवेकानन्द के एक गुरु भाई ने कहा, ''उनके नथुनों में, मुँह में और आँखों में थोड़ा सा रक्त आ गया था।''

दिखता था कि शायद वह निर्विकल्प समाधि में, जो रामकृष्ण ने उन्हें उनका कार्यसम्पन्न होने पर ही बताने का वचन दिया था, कुण्डलिनी-शक्ति जाग्रत करते हुए चल दिये थे। तब वह उन्तालीस वर्ष के थे।

दूसरे दिन रामकृष्ण की भाँति उन्हें भी, संन्यासी गुरु-भाई और शिष्य, जयजयकार करते हुए, अपने कन्धों पर चिता तक ले गये।

और मैं कल्पना में 'जूडास मैकेबियस' का वही जयगान सुन रहा हूँ, जो रामनद की कीर्ति-यात्रा में गाया गया था। महान् खिलाड़ी के अन्तिम प्रतियोगिता के बाद यह उसके स्वागत का गान है।

BIN TRAVERLER FORM

Cut By: Jose Franco Qty 43 Date 09-23-26

Scanned By:________ Qty____ Date____

Scanned Batch ID's

________ ________ ________

Notes / Exceptions

____